日本の起業家精神

―日本的「世間」の倫理と資本主義の精神―

上坂卓郎 著

文眞堂

はじめに

　本書は日本の起業家精神のあり方についてまとめたものである。起業家精神に影響を与える経済社会的問題についていくつかの視点から論じている。古い議論もあれば，比較的新しい議論もある。消化済みとなっている事柄もあれば，未消化で止まっている課題もある。私の中にあったこの問題に関する様々なレベルの材料の棚卸しをしたものと受け取っていただけると幸いである。

　現在の日本経済は依然として長期停滞の中から脱しきれてはいない。2011年央より2年半近く為替相場は1ドル90円を割れる円高が継続し産業空洞化が進行，国内の雇用基盤もかなり失われ，このままでは危機の最中にある欧州が他人ごとではなくなりそうな気配さえ漂っていた。この状況に対して国民の危機意識が高まった結果2012年末に自民党が政権復帰することになり，新政権は経済再生を最優先としてようやく正面から経済問題に取り組み始めた。具体的には官邸主導により，大胆な金融政策，機動的な財政政策，そして民間投資を喚起する成長政策からなるいわゆる「三本の矢」の経済政策パッケージを提示するなど明確なメッセージを矢継ぎ早に発し経済再生の取り組みを加速している。安倍首相は最初に日本銀行に対してインフレターゲット2%を約束させた。さらなる金融緩和政策の期待から資産市場も敏感に反応している。また為替相場は一転円安へ転換し企業収益を潤しはじめている。日銀当座預金や国債などといった安全資産にシフトしていた金融機関の運用姿勢も，信用リスクを取る企業貸出の増加傾向が復活してくるなど実質的な政策波及効果も期待できる状況になっている。一方で財政政策は機動的な運営と銘うっているが長期的な下支え効果は期待できない。わが国は米国より「財政の崖」問題は実質的には深刻となっている。名目GDPの約2

倍の国家債務問題（940兆円の公共債，160兆円のローン債務。2013年9月末）があるので，目先のわずかな財政政策拡大の持続性には限界があることを市場参加者は皆知っている。インフレ期待の高まりによる国債市場への負の効果が懸念事項である。消費税の段階的引き上げの合意は出来たものの，それは抜本策ではないばかりか政府は増税による経済の腰折れを心配しつつ当面慎重な経済運営を強いられるナローパスとみられる。

いま日本に必要なのは何よりも政権が掲げている三つ目の成長政策であろう。2014年度の政府の経済見通しでは，名目成長3.3%（実質成長1.4%），消費者物価上昇率3.2%程度という民間予測より高い目標を掲げている。しかし具体的な成長政策についてはこれからである。とりあえず税制改革，規制緩和，TPP参加が話題として取り上げられ，続いてエンジェル税制の運用改善などにより開業率10%までの引き上げ，新規の成長企業の創出などが示されている。今や成長政策の議論はすでにマクロ経済のレベルだけに止まらなくなっている。それは科学技術（例えば次世代エネルギー，地球観測衛星網，先端的情報通信技術やiPS細胞等を用いた再生医療等）や規制改革など時間を要する先の話でなくむしろ足元の経済のイノベーション，つまりシーズの「ビジネス化，事業化」が強く求められている段階に入っている。これが近未来の話に終始するのであれば，国家戦略と言っても緊迫感はなく迂遠な印象を与えるものとなるだけであろう。

現下の日本経済の元気のなさの大きな原因は日本社会の内部構造にあり，その結果日本のイノベーションを担う勢いのある新興企業，起業家[1]が出て来にくい状況にあるとみられる。わが国の起業に関するハード面，ソフト面の整備はかなり済んでおり充実しているにも関わらず，新しいビジネスの担い手である起業家（アントレプレナー）の数が極端に少ないことが問題である。現実のビジネスイノベーションは一義的にはリスクを背負い事業を推進する起業家がどれだけ多く排出できるかにかかっていると言っても過言ではない。その根本的な問題は繰り返しになるが，科学技術，規制緩和や金融面の障害よりも，起業家精神を発揮するヒトの問題であると考える。つまりわ

が国の人的資源の配分が保守的な分野，一部の大企業，公的部門にばかり偏りすぎており，新規企業創出の分野に向かっていないことにある。それは一体何故なのだろうか。

今後半世紀を見据えてわが国が今考えやるべきことは，日本経済の成長と雇用を生み出す企業群を如何に効果的に，かつ多く作り出すかであろう。これは日本だけの課題ではなく先進各国，新興国も共に凌ぎを削っている問題といえる。つまり成長戦略としての起業振興，起業家の育成が，日本の国家戦略として一番の喫緊の課題なのである。科学技術を待つまでもなく現在あるイノベーションで十分に社会を変えたり，活性化することが可能であり，経済的な効果が期待出来るのである。経済成長も，財政問題も，雇用問題の解決もここに解答があると言ってよい。

起業する，即ちいままで存在しなかった企業を新たに創り出すということについて世間の見方には複雑なものがある。わが国では一般的に新しいことを始める，今までないことを行う者に対しては好奇心と警戒心が付きまとい，失敗したときにそれを批判し溜飲を下げる「世間」[2]が歴史的にも存在しているようである[3]。起業についてはもちろん，科学，芸術やスポーツなどの世界よりもそれが垣間見られることがある。それは恐らく挑戦による成功が往々にして大きな富に結びついているから余計にその傾向が強いのかも知れない[4]。しかしこうした挑戦者，革新者に対して冷ややかな「世間」の構造がビジネスの世界にまで貫徹することは，今後の国家の成長戦略を考えるうえで好ましくないことと思われる。今日のグローバルビジネスの世界において，日本だけが創造と批判の相容れない価値観を持ち自由な経済活動を阻害しているというのでは競争に勝てるとは思われない。本書では，こうしたビジネスにおける日本的問題を取り上げ論じることとしたい。

企業を生み出す者とは一体誰なのだろうか。形式的には最初の資本金を出し会社を登記した起業家ということになる。もちろん実際には会社は独りでは運営することが出来ないことから何人かの創業のメンバーを指すのか，もう少し広くみて資金的な出資者までカバーするのか，それとも最初の提携

先，取引先にまで拡大してそれを生み出したものまで範囲とするべきなのだろうか。いずれにしても，起業家の決断が最も鍵になることは疑いない。

歴史は社会が作るのか，個人が作るのかという長い歴史的視角からの議論は歴史家の手になるテーマであり深入りすることはしないが，ここでは後者の立場から起業を行う個人，起業家に絞って取り上げる。もちろん短期的な時間軸であっても社会や時代などの環境条件，経済の状況といった客体の問題は重要事であり決してこれを無視するものではないが，ここではそれよりも起業家個人の主体性な役割りにスポットを当てることとする。わかりやすく本田技研工業[5]の例を挙げると，戦後復興期のオートバイ需要の高まりや国内オートバイメーカー間の競争環境，あるいは名参謀といわれた副社長の藤沢武夫の冷静さや経営管理の手腕，取引金融機関の果たした役割はもちろん認めるが，それよりも創業者本田宗一郎個人の情熱ある「風狂の精神」[6]つまり「起業家精神」をより重視するという立場に立ってみるということである。

さらに論を進めると，その起業家という個人を包み込んでいる社会，特に起業を見守り，評価する社会意識，世間が存在している。かつて社会学者・経済学者マックス・ウェーバーが論じたのは，資本主義の精神（貨幣の獲得，営利の衝動）を支えていたプロテスタントの教派の倫理，エートス（倫理的態度，心的態度）の宗教社会学的説明であった。伝統的な倫理に対して，新しい倫理，エートスが企業家，労働者の双方の行動や努力に強い精神的な動機を与えた点を見出してこれを論証したのである。もちろん決定論ではなく総体として集団の心的態度にある影響を与えたことに注目している。ここでの議論もそれと関連するもので，日本の起業，実業の精神を包み込み，あるいは方向を決めていく文化的・社会的な風潮を扱うことにする。ウェーバーの言葉を借りていうと以下の趣旨である。

「経済合理主義は，合理的技術や合理的な法ばかりでなく，その成立にさいしては，特定の実践的・合理的な生活態度をとりうるような人間の能力や

素質にも依存するところが大きかったからである。このような人間の能力や素質がなんらかの心理的障害物によって妨げられている場合には，経済における合理的な生活態度の発展も重大な内面的抵抗に遭遇せざるをえなかった。」（ウェーバー，M.，大塚久雄・生松敬三訳（1972）23頁）。

ここでウェーバーの言っている「心理的障害物」とは，呪術・宗教とその信仰に基づく倫理的義務の観念を指しているのであるが，日本の社会では宗教や宗教心に代わる何か別のもの，別の「心理的障害物」，倫理が存在しているように思えてならない[7]。

精神や倫理思想は具体的に目には見えるものではない。もちろん計量的にとらえることも難しい。本書ではこの問題について網羅的なアプローチとは言えないかもしれないが，その論点のいくつかを取り上げ，その内容について論じていくこととしたい。

本書の論点は大きく括ると以下の3つになる。

(1) 日本の起業の現状・問題点

2006年に起きたライブドア事件以降わが国の起業意識は以前にも増して自由闊達ではなくなり，窮屈になっており起業活動の勢いも落ちている。これは何が原因で，心理的障害となったのだろうか。

(2) アメリカの起業家精神とは

アメリカでは2012年にSNSサイトを提供するフェイスブックが上場したり，ベンチャー企業による民間の宇宙ロケットの打ち上げ成功があったりと起業家精神は強く，起業振興の伝統は守られているようにみえる。彼らの起業家精神はそもそもどのような背景から生まれ，今日まで続いているのだろうか，またそれは変化していないのだろうか。

(3) 日本の起業家精神の今後

わが国では明治維新に最初の起業ブームがあった。その時代の起業家精神は現在の日本と比較してどうだったのか。それはどうして変容したのか。それらを踏まえて今後日本はどうするべきなのだろうか。

注
1　本書では大企業の経営者と区別して、一から会社を創業した人という意味で「起業家」という言葉を用いる。もちろんこの用語は定義として狭いのかも知れない。より広義の「企業家」「企業家精神」を提唱する経営学者の方がむしろ多く、また論文数も多い。例えば米倉誠一郎（1998）。
2　「世間」とは第4章で触れることになるが、その原義は社会心理学者の井上忠司によると、「世」は時間の意味、「間」は空間の意味であり、「世間」という言葉で人が生活する現世社会を指している。元々は仏教用語の梵語 loka から来ており、それは「こわされ否定されていくもの」という意味であるという（井上忠司（2007）30-39頁）。
3　宗教学者阿満利磨は、作家きだみのるの説明として「部落のある人が何かで金をもうけて家族のために、白米を一俵も買ってきたとする。ほかのムラの人は、その人と喜びをともにするよりも、彼の手にした金が闇でもうけたものだとか、悪銭身につかずで、そんな金はすぐなくなるといって、かえってケチをつける。」（阿満利磨（1996）147頁）という話を紹介している。
4　「金を持っている人びとに対しては、両面性がある。人は彼らから一種の父権的保護を期待する。人は彼らに嫉妬し、彼らを排斥すると同時に称賛する。人は彼らがあなたに押し付ける想像以上の屈辱感に、むきになって逆らう。人は、富者を兄弟としてみるのではなく、ちがう種のメンバーとして見る。こうして金が彼らを孤立させる」（ロスチャイルド, G.『ロスチャイルド自伝』酒井傳六訳（1990）17頁）。
5　本田技研の例については米倉誠一郎編（2005）などを参照した。
6　「風狂」の意味は通常の普通人にある常軌を逸するほどの強い精神力を意味する言葉としてここでは使用した。
7　同じような問題意識からこのテーマを取り上げたアメリカの宗教社会学者ベラー、R.N. がいるが、彼は著書『徳川時代の宗教』でウェーバーと同じ問題意識で宗教や倫理が日本の近代化に果たした役割を検討している。ここでの議論はベラーとは違う切り口から論じていくということのみ言及するに止めたい。

目　次

はじめに

第1章　起業とは……………………………………………………1
1. 起業活動の経済的意味……………………………………………1
2. 起業家精神の研究…………………………………………………4
3. 起業家を生み出す文化構造………………………………………7
4. わが国の実際の起業動機——起業動機調査……………………10
5. 起業成功者の社会的評価…………………………………………12

第2章　ライブドア事件……………………………………………16
1. ライブドアの歩み…………………………………………………16
2. 検察の立件思想と司法判断………………………………………18
3. 法学者の見解………………………………………………………21
4. 判決の読み方………………………………………………………23
5. 起業思想への影響…………………………………………………31

第3章　わが国の起業思想…………………………………………43
1. 明治維新の起業ブーム……………………………………………43
2. 福沢諭吉の拝金思想への批判……………………………………46
3. 明治の起業家………………………………………………………52
   (1) 渋沢栄一………………………………………………………54
   (2) 大倉喜八郎……………………………………………………57
4. 起業に対する明治社会の見方——知識人，言論人の見方……61

  (1)　福沢諭吉 ··· 61
  (2)　山路愛山 ··· 69
  (3)　横山源之助 ·· 73
 5.　現代の起業家——世間との対応 ··· 76
  (1)　飯田亮 ·· 77
  (2)　江副浩正 ··· 84

第4章　日本的「世間」の倫理，起業に対する世論の見方 ········ 95

 1.　日本の資本主義精神の淵源 ·· 95
 2.　日本の宗教意識 ··· 98
 3.　村の掟，村の倫理 ·· 99
 4.　日本人の精神 ·· 103
 5.　「世間」の発見，阿部謹也の研究 ······································· 110
 6.　ライブドア事件と「世間」 ··· 113
 7.　イノベーションと両立しない「世間」 ································ 117
 8.　「世間」の倫理とは何か，日本のビジネス界における「世間」の
  　倫理 ··· 118
 9.　起業家の倫理，アメリカと日本 ·· 122

第5章　アメリカにおける起業の捉え方 ································ 127

 1.　アメリカの宗教 ·· 127
 2.　アメリカ資本主義の父，ベンジャミン・フランクリン ·········· 138
 3.　フランクリンにみるアメリカの起業家精神 ·························· 143
 4.　アメリカの結社の役割り ·· 146
 5.　アメリカの経営者の宗派別動向 ·· 151
 6.　アメリカの起業風土，シリコンバレー文化 ·························· 152
 7.　現代アメリカのIT起業家 ··· 154
 8.　アメリカ資本主義のゆくえ ··· 161

第 6 章　結語——起業とは,「世間」とは——……………………… 168
　1. 資本主義社会の論理とその不備………………………………… 168
　2. ライブドア事件の背後にあった空気…………………………… 170
　3. 改めて日本の「世間」とは何か………………………………… 174
　4. 新しい道へ——わが国への処方箋……………………………… 176

まとめ……………………………………………………………………… 187
参考文献…………………………………………………………………… 192
あとがき…………………………………………………………………… 204

第 1 章

起 業 と は

1. 起業活動の経済的意味

　改めていうまでもないが我々は極めて早い流れの中に生きている。2012年には，2004年にアメリカの大学生が創業したソーシャルネットワークサービス（SNS）であるフェイスブックが株式公開しトヨタ自動車（創業1937年）を企業価値の面では一時的に凌駕するという事態も起きている。携帯電話端末（スマートフォン）があれば，生活に必要な大半の情報が手に入り，また信じられないくらい多くの人とほとんどタダ同然でコミュニケーションが出来るようになった。2011年3月に日本を襲った未曾有の大規模の自然災害とそれからの目覚ましい復旧にもインターネットによる情報収集や情報提供が大いに貢献した。海外からの救いの手もこうした災害のリアルな映像提供が後押ししている。こうした現象1つ1つを取りあげても社会や経済の環境変化は目まぐるしく，それに対すべき企業活動の迅速さが求められ，またビジネスチャンスの捉え方が桁違いに難しくなっていることを実感する。しかし一方で長期間変わらないもの，一定の方向づけをされると変わらない精神（心）や思想があることを我々は知っている。これも実は起業活動を支えている重要な環境条件の1つなのである。

　新しい企業を生み出すという起業活動の振興がわが国の政策課題であることは今日自明となっている。安倍首相の2003年1月国会での所信表明演説の中でも，「未知の領域に果敢に挑戦していく精神」の大切さを強調している。

政府による新興企業支援政策の体系は既に米国並みに十分に整えられたものの，ライブドア事件のあと株式市場の低迷もあり全般的に起業活動に対する社会的な関心は低下しており，現在は「羹にこりて膾を吹く」ような風潮となっている。こうした中で最近ようやくベンチャー企業の株式上場も上向いてきているが，まだかつての勢いは戻っていない気がしている。米国では，グーグル，ユーチューブ，フェイスブック，リンクトイン，ツイッターなどのインターネットを活用したプラットフォームというべき基幹サービスを提供する企業の登場が着実に続いており，またグリーンテック系の起業などもある（もちろん破綻する企業も多い）。経済社会のニーズや技術の進歩を社会に活かし生活の利便性をあげていくサービスをすばやく提供することに長けている。経済にとって産業の基盤ともいえる大企業のリストラや経営改革，買収戦略はもちろん大切であるが，それだけでは不十分であり，経済の新陳代謝の素というべきこうした新興企業を創出する巧拙の差が，これからの国レベルの競争や経済の格差，成長と発展につながるというのは多く人々の共通した意識となっている。

　わが国の現在の低迷した状況の原因には様々な問題が絡んでいるが，長期にわたる景気不振のせいだけにはできない構造的な問題があるのではないかと思われる。その構造的問題には，産業構造，社会インフラや金融など経済政策といったマクロ経済の問題ばかりではなく，新興企業の設立や育成の流れを妨げる社会の「考え方・見方」「意識」にあるように思われる。政策は設計次第で変えることができるが，人々の心，規範はなかなか変えられないし，また変わるものではない。しかし，こうした人々の心，起業についての考え方という企業風土が新しいものに懐疑的であるかぎり，新しい企業の誕生は促進されないし，たとえ生まれてもその成長は難しいように思われる。

　シリコンバレーで起業した経験のある起業家の石黒不二代は「シリコンバレーでは起業家は誰よりも偉い。……何もかも捨てて一人で事業を起こすことを良しとする気構え。IBMの副社長よりも小さい会社の社長が偉いとみんな思っている。」とその経済風土を紹介している（石黒不二代（2008）31

頁）が彼我の意識の差は埋めがたいものがある。

　わが国では，起業して成功すれば，起業家は「富」は得られるが，「嫉妬」「好奇」の目で見られる。失敗すれば，その「財産」を失い，時として社会的に「抹殺」されてしまう。このようにわが国では起業はフェアではないゲームとみられており，それに賭ける人材は出ないのが常態となっているように感じる。

　今日1997年に起業し成功している数少ないベンチャー企業である楽天株式会社は，相次ぐ企業買収で企業規模を拡大しているが，現在単体ベースで3498名，連結ベースで9311名（2012年12月31日現在）の雇用を創出している。大企業が正規雇用を抑制している中で，如何に新たに起業した企業が新規雇用の吸収に貢献しているかは論を待たない。この面からも新しい起業活動が経済システムの中で正しく位置づけられず，盛り上がりが欠けるのはシステムの欠陥問題といえる。ベンチャー企業だけではないが，国としての成長戦略を広範な角度から論じることが喫緊の課題であると思われる。

　しかし起業活動が活発になるためには米国で実績が上がった制度をすべてわが国にコピーすればよいというものでもない。日本の経済の制度，歴史に加えて，起業に対する社会の見方を変革することが良き起業家を生みだすために重要な鍵となっていることを想起する必要がある。

　最初に日本の起業に対する考え方を国際比較調査からみておくことにしたい。参考とするGEM（Global Entrepreneurship Monitor）調査とは英国ロンドン大学ビジネススクールと米国パブソン大学が1999年から毎年実施している国際起業意識に関する電話による聴き取り調査である（これについては磯辺剛彦・矢作恒雄（2011）のほか，経済産業省の委託調査報告書『平成21年度創業・起業支援事業（起業家精神に関する調査）報告書』平成22年2月 VECも参照されたい）。

　この意識調査では各国の一般人に対して，起業家精神，意識を質す質問項目として，「態度（Attitude）」「行動（Activity）」「意欲（Aspiration）」の項目を聞き取りしている。この結果（図表1）からみると日本の起業意欲は

4　第1章　起業とは

図表1　起業に対する国民意識の国際比較（GEM調査）

(単位 %)

国　名	起業の機会があると考える人の割合	起業する能力があると考える人の割合	事業失敗への怖れを持つ人の割合	起業意思がある人の割合	起業が良い職業選択と考える人の割合	成功した起業家が高い地位があると考える人の割合	起業に対してメディアが関心を持つと考える人の割合
ブラジル	43.1	52.8	31.4	28.2	86.3	86.3	82.0
中国	48.8	43.9	35.6	42.8	73.1	73.4	75.9
ロシア	27.1	33.2	43.4	3.6	64.5	65.3	55.3
タイ	40.1	42.7	55.1	26.5	77.0	79.1	84.0
フランス	34.9	38.4	37.1	17.7	65.8	67.9	46.9
ドイツ	35.2	37.1	42.0	5.5	55.0	78.3	49.7
日本	6.3	13.7	42.2	3.8	26.0	54.7	57.0
韓国	11.2	26.7	45.1	15.7	61.1	67.2	62.2
スペイン	14.4	50.9	38.9	8.0	65.2	66.5	44.6
スウェーデン	71.5	40.3	34.6	9.8	51.8	70.8	62.3
台湾	38.9	28.6	39.6	28.2	69.0	62.7	85.8
英国	33.3	42.5	36.1	8.9	51.9	81.0	47.3
米国	36.2	55.7	31.2	10.9	NA	NA	NA

出所）Global Entrepreneurship Monitor (GEM) 2011 Global Report.
　　http://www.gemconsortium.org/docs/2409/gem-2011-global-report.

　各項目とも最低水準にありネガティブな意識に止まっていることがわかる（意欲が総じて強いのはブラジル，中国，タイ，スウェーデンなどである）。日本は同じアジアでも，中国，韓国，台湾，タイなどと比較しても劣後しており，もちろん先進国間との比較でも低くなっている。
　特に問題なのは，「起業家の社会的地位が高い」と答える人の割合が低いことである。つまりわが国では起業家が社会的に尊敬されない経済風土が強いことが意識調査から明らかとなっている。

2.　起業家精神の研究

　次に「資本主義」というシステムについて定義めいたことに簡単に触れておきたい。20年以上前，つまり1991年のソビエト連邦の崩壊以前の経済システムをみると世界の3分の2は資本主義体制の国々，残りは社会主義体制

と区分されていた。その後社会主義体制の領域は狭まり，今日その比率を云々する者が殆どいないほど資本主義というシステムが当たり前となっている。もちろん資本主義も国により特徴があるが，現代資本主義とは今日の世界で行われている経済活動の原理そのものとなっている。簡単にまとめると以下のように捉えられよう。

(1) 民間出資の資本が主体となり市場メカニズムを通じて資源配分を行う経済システム
(2) 資本は利潤を動機として経済活動を行い，利潤の多くは資本蓄積され再投資される（「営利のための営利」という自己目的活動が常態化する）
(3) 資本出資者は法人，個人などに分散されている。再投資されない利潤の一部は資本の出資割合に応じて資本出資者に分配される
(4) 政府資本は民間資本が負えないリスクを負担し公共目的の事業を行ったり，市場の不備や市場の混乱を避けるための限定された分野で民間資本の補完的活動を行う
(5) 資本はほとんど株式会社の形をとるが，会社を設立出来るのは一般的には自然人であり，その主導的役割を担う人のことを起業家という（既存企業の子会社の場合は除く）。

最近では(2)の中身として実物投資より，金融資本が金融資本（金融派生商品などを含む）に投資することが拡大して，バブルを生み出したり，また大きなクラッシュを経験した（2008年リーマン・ショック）。また長引く不況対策やルーズな財政規律により(4)のウェイトが高まり，政府資本の維持が困難になる国も出ている（2010年以降欧州債務危機）。

このうち最後の(5)の起業家の役割りの重要性（あるいは企業家機能）については，資本主義を論じる際には今まであまり重視されてこなかった。それを論じてきた分野はミクロ的な視点である会社経営論などであったが，それは世の中に出回る経営や企業を論じた書物，論文の大半は確立した事業基盤を持つ大企業の経営戦略やマーケティングなどを扱うものとなっている。つまり企業は最初から当然にあるものとして議論が行われてきた。

一方で成功した起業家が自伝的に自社の経営，自己の人生を回顧したビジネス書は数多くみられる。ただこれには起業家を作り出すための動機づけ理論などはなく，そもそも起業に対する社会の見方，受け止め方について論じる性格のものでもない。

　以上のように現実として資本主義の原点として企業が生まれる端緒の議論，つまり起業家の役割や意義については十分に行われては来なかったのである。企業を生みだした人の動機，その共通項や，さらに社会的環境についてはほとんど論じられていない。資本主義の本質を論じるものは多いが，「起業家精神」や「起業思想」の出版物は非常にすくないのが実情である。

　わが国の経済学者が取り上げ論じた起業家精神，起業思想などに触れた文献は限られている。典型的な取り上げられ方としては以下のような経済史的アプローチからである。

　経済思想史家の長幸男は，江戸時代の商人資本に関連して，共同体はその成員の生存を保証するために伝統的モラルが支配し，その成員はそのモラルを遵守する道徳的主体と言っている。その外側にいる者は自由に何でも行い，自己の利潤を追求していく「賤民的資本主義」ともいうものであったが，明治になり渋沢栄一が出て，こうした思想を転換したとしている（長幸男（1964）18-19頁）。渋沢がこうした考えに転換できたのは，従来の日本人がなじんだ論語や武士道を継承しつつ，それらを「近代的ビジネスの営利とブルジョア的権利を主張する思想へと読みかえを行っている」からだという（長幸男（1964）20頁）。

　また経済史家の土屋喬雄は明治維新後の企業の経営者精神について2つの類型に分類している。1つは渋沢栄一のような「公共的観念や道義性・倫理性の強い」理念を第一に掲げる経営者精神であり，もう1つは利潤追求と資本蓄積を自己目的とするような資本主義精神である。これは明治新政府と不公正に結託し莫大な利益を獲得して，事業を拡大していった政商や財閥を形成した人々のことを指す。前者のタイプがどうして出現したかについて土屋は近代資本主義が発達をしていく時代の要請によるものであり，経国済民の

職業倫理であるとしか述べていない。そして出身が武士であっても実業家の倫理観は，封建的倫理ではなく反封建的意識や民族統一意識を持ち，さらに欧米の近代的思想の洗礼を受けたものであったとしている。土屋は明らかにしていないが，前者のタイプは，事業の性格も公益性の高い業種に限られ，数として数えるほどしかいなかったと思われる。後者（特に政商）は数として多かったと思われるが，次第に経済の民主化，技術革新を取り込む新資本主義の登場により次第に舞台から後退していくこととなった。企業は経済合理性を追求する自己運動に委ねられるようになったと指摘している（土屋喬雄（1959）92-93 頁，306-307 頁）。

ここではわが国で起業を志した起業家の精神そのものを取り上げ考えてみたい。

3. 起業家を生み出す文化構造

起業家を生み出している出自よりも彼らを生み育んだ国の文化的背景，構造に着目していくことが必要ではないか。少し古い文献だが，経営史家の中川敬一郎は米国のハーバード大学の企業者史研究を紹介して，企業の発展にとって重要なのは，具体的な企業家の主体性，人間性の果たす役割りであると指摘している。それが社会的な傾向，制度化されているならば，その背景となる構造を研究すべきであるとして，「文化構造 cultural structure」あるいは「文化的諸要素 cultural factors」について歴史的に把握する必要性を論じている。中川の整理によるとその要素とは次のものからなるという。

①目的 goal，目標 objective の体系
②価値体系 value system
③社会的格付け social ranking
④行動，行為の形式 pattern conduct

①はその時代の社会の多くの人々が生活の目標としているもの，②は社会の人々が受け入れている価値体系，例えば堅実，安定，変化，冒険など，③は社会的地位の優劣，尊卑の序列，④は社会に固定化している行動パターン

である。こうした社会要因自体に企業家の行動が影響されるという（中川敬一郎（1961）55頁）。

また特に日本においては，こうした文化構造は流動的ではなく，構造的に固定化する傾向があるため，日本でこそ研究すべきであるが，なかなか進んでいないと述べている（中川敬一郎（1975）3頁）。

その研究を主導したハーバード大学の経営史家のコール，A.H. は，企業家活動と文化的要素の重要性を指摘している経営学者だが，著書『経営と社会』の中で，社会学者パーソンズの次の言葉を紹介している。

「われわれの社会がもっている動機づけとして貨幣所得がもっている独特の力は，個人によって達成される社会的承認あるいは自尊心が，主として彼が達成した職業的成功の度合いに依存している事実から生まれているもののようである。

したがってまた，社会が高度な経済的能率を達成することができるのは，その社会の構造が，職業的成功の達成に対して，きわめて高い社会的承認が与えられるようになっている場合のみであるということになる。」（コール，A.H., 中川敬一郎訳（1965）99頁）。

また産業社会学者の間宏は，企業家が属している社会が受け入れている社会価値，時代思潮について触れている。それを取り上げる理由として，企業家が事業で取る危険（リスク）は単に私的に利益追求だけでは乗り切れないという。自己のリスクを取る行為が社会的にも良いことであるという価値について企業家の内面的な確信が必要である。そして日本の場合，もっぱら個人主義ではなく，集団主義がいつの時代でも主体であった。明治維新，第二次世界大戦後の混乱期には自己中心的な企業行動で上昇する機会も増え，そうした行動をとる企業家が多くみられた。しかしそうした行動の背後には，家のため，国家のためという集団主義的理念に支えられていたという。

「成り上がり者は，いつまでも成り上がり者として軽蔑されていたくなけ

れば，少なくとも成功した後は，家や郷土や国への奉仕を理念的に唱えなければならなかった。いずれにしても，有理念的自己主義（いわゆる個人主義）は，日本の経済界では育たなかった。あるのは無理念的自己中心主義（いわゆる利己主義）で，これは社会的非難を強く受けたから，そうした経営者は自己の企業を，一時的に繁栄させることはできても，長期にわたって発展させることはほとんど不可能であった。」啓蒙家福沢諭吉の唱えた経済上の自由主義，有理念的個人主義の思想も一時経営者の支持を得たようだが，結局は集団主義的価値観からの脱皮は容易ではなかったと指摘している（間宏（1977）60-63頁）。

　最近の経済学者の実証研究としてはグイゾ，L. 他が，価値観の国際比較調査（The World Values Survey）等を利用して起業家そのものの研究ではないが経済成長と社会資本の関係の分析を試みている。彼らの取り上げる社会資本（Social Capital）とはいわゆる物的資本や人的資本以外の社会関係資本のことであり，より狭い概念として公民資本（Civic Capital）を定義している。それらは一定の地域の中で歴史的に形成され長く維持されているものであり，持続して経済活動に影響を与える要因と捉えられている。彼らの言う公民資本（Civic Capital）は地域の構成員が共有する社会的に価値のある行動を一致協調して追求する原動力になる信念や価値のことであり，具体的にはネットワーク，規範や信頼といった社会生活の特質を指すものである。世界価値観調査から，「見知らぬ人への信頼意識」「ルール違反に対する批判的な感じ方」を，公民資本を構成する代理変数とみて，それと経済のパフォーマンスの相関を各国間比較データで分析している。データの制約もありその試みには改善の余地があると思われるが，公民資本の高さと経済発展（1人当たり実質 GDP）は正の相関関係があると結論づけている。なおこうした公民資本，社会の中の信頼意識の高さはどのような要因で生まれるかについても分析を進めているが，「教育」（1920年の初等教育の就学率のデータを使用）がかなり重要な要因となっていると指摘している。公民資本は世代を超えて長い時間をかけて形成されていくものであり，公教育や家庭・地域で

の教育の中で育まれる性質の倫理感といえよう（Guiso, L. et al.（2010））。

4. わが国の実際の起業動機——起業動機調査

最初に会社を起こす，起業には様々な動機があることをみていきたい。中小企業庁『中小企業白書』（2011年度）では調査に基づき起業の動機を整理している（図表2参照）。

このアンケート調査によると「仕事を通じて自己実現を目指したい」「自分の裁量で自由に仕事をしたい」「社会に貢献したい」という理由が多く，次いで「専門的な技術・知識等を活かしたい」「アイディアを事業化したい」「より高い所得を得たい」「年齢に関係なく働きたい」「経営者として社会的評価を得たい」が続く。またやや消極的な理由ではあるが「現在の勤務先の先行きに懸念」「ほかに勤務先がない」など止むを得ず会社を起こしたという理由も挙げられており起業動機は様々である。

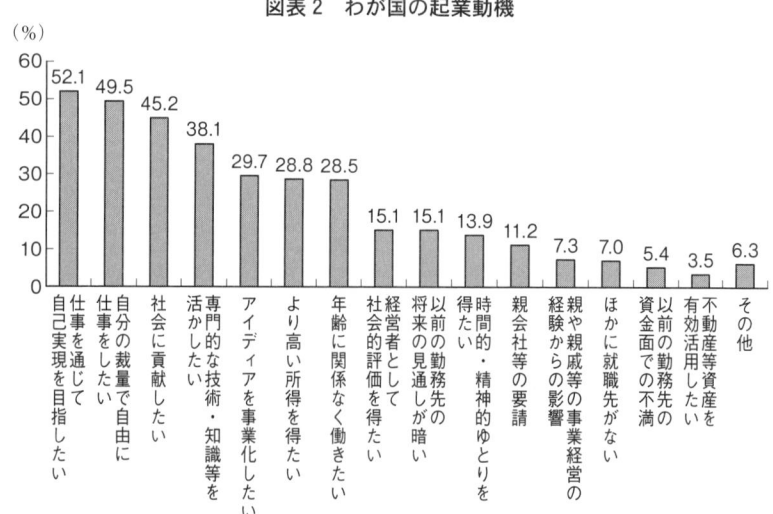

図表2　わが国の起業動機

出所）『中小企業白書』（2011年度）。
資料）中小企業庁委託「起業に関する実態調査」（2010年12月，（株）帝国データバンク）。
注）複数回答であるため，合計は必ずしも100にならない。

以上の動機は政府系金融機関の調査アンケートによるものである。従って，アンケートの実施者が想定して作成した質問票の中から選択したもので，あくまで答えを引き出しやすくした表面的な動機とも解釈できよう。それらの起業動機とは次のように整理できるのではないか。

①自己実現，理想実現の動機（自分で構想したビジネスを経営者として実行する）

②経済的・金銭的動機（リスクに見合った高い報酬を享受する）

③社会的尊敬，社会的認知の動機（社会的な公器として社員を雇用し，社会に影響力を持つ）

　さらに，自分の会社の株式上場ともなれば，②③のウェイトが大きくなることは言うまでもない。わが国の場合，①③にはさらにその根源な動機として「宗教」的な意味合いが入り込むことは少ないものと考えられる。事業成功がそのまま自らの魂や心の救済になるという程，厚い信仰や倫理感を持つ

図表3　起業意識の流れ

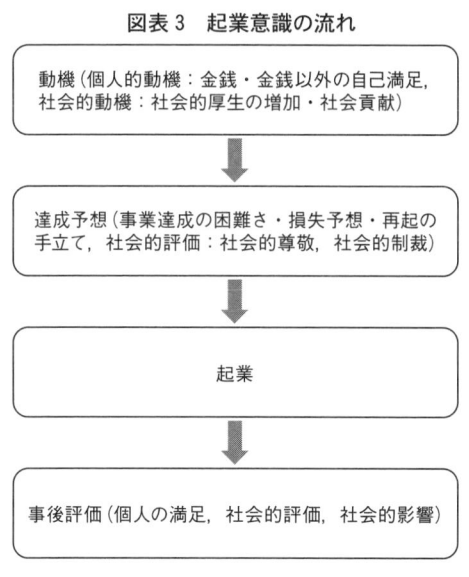

出所）筆者作成。

て経営をしているものは少ないとみられる。

　むしろそれよりも現実的な要因である「出資してくれた友人・親族・取引先」「起業仲間など人材ネットワーク」「母校同期や母校関係者」「業界団体」「マスコミ」との関係性，評価のほうが重要なのではないだろうか。さらに日本的起業家にとって高位の意識としては彼らへの「恩返し」，「家名」を上げる，故郷や母校に「錦を飾る」，時に同級生を「見返す」ことも動機であろうし，世間的な「注目を浴びる」「名声・名誉」願望もあるだろう。

　実際の起業家意識は概念的に整理すると図表3のような起業決断の動機や意識の流れになるものと思われる。社会的評価を上げることが起業動機を高めることに繋がることは言うまでもない。

5. 起業成功者の社会的評価

　起業家が困難で苦しい起業後の活動を頑張れたのはその先にある経済的なコンペンセーション（報酬）が1つの有力な動機になっているものと思われる。古今東西各国とも企業人の富のランキングを作成し公表している。しかし，わが国では国税庁は2006年以降，個人情報保護や犯罪防止などの観点から高額納税者の公表を廃止した。図表4, 5はフォーブス誌による世界長者ランキングと日本のランキングである。企業価値評価は多くの市場参加者による評価であることから金銭尺度で計る社会的評価の1つと位置づけることも出来よう。明治の日本ではこの富豪ランキングが盛んであった。

　もちろん金銭的評価は尊敬とまた裏腹の妬み，やっかみを買うことになる。むしろ金銭以外の社会的な尊敬，評価が尚更必要とされるのである。心理学者マズロー, A.の欲求階層説でも，経済的な満足より，集団からの尊敬（承認）を受けることに対する満足が高いレベルにあることが明らかにされている。但しこれは欠乏欲求と言うレベルであり満たされるある水準があるが，更に高次には自己実現の欲求がある。これには定義や満足の基準が曖昧であるという[1]。またマズローは社会と起業家について次のように述べている。「卓越したいい社会と退行的で堕落した社会を分けるものは，起業家精

図表4 フォーブス世界長者番付（2012年）

(1ドル＝80円換算)

世界順位	名前	名前	関連	年齢	国籍	資産(10億$)	資産(兆円)
1	Carlos Slim Helu & family	カルロス・スリム	テレフォノス・デ・メヒコ	72	メキシコ	69	5.52
2	Bill Gates	ビル・ゲイツ	マイクロソフト	56	アメリカ	61	4.88
3	Warren Buffett	ウォーレン・バフェット	バークシャー・ハサウェイ	81	アメリカ	44	3.52
4	Bernard Arnault	ベルナール・アルノー	LVMH	63	フランス	41	3.28
5	Amancio Ortega	アマンシオ・オルテガ	ザラ	75	スペイン	37.5	3.00
6	Larry Ellison	ラリー・エリソン	オラクル	67	アメリカ	36	2.88
7	Eike Batista	エイキ・バチスタ	EBX	55	ブラジル	30	2.40
8	Stefan Persson	ステファン・パーション	H&M	64	スウェーデン	26	2.08
9	Li Ka-shing	李嘉誠（リ・カシン）	長江集団	83	香港	25.5	2.04
10	Karl Albrecht	カール・アルブレヒト	アルディ	92	ドイツ	25.4	2.03
11	Christy Walton & family	クリスティ・ウォルトン	ウォルマート	57	アメリカ	25.3	2.02
12	Charles Koch	チャールズ・コーク	コーク・インダストリーズ	76	アメリカ	25	2.00
12	David Koch	デイヴィッド・コーク	コーク・インダストリーズ	71	アメリカ	25	2.00
14	Sheldon Adelson	シェルドン・アデルソン	ベネチアン	78	アメリカ	24.9	1.99
15	Liliane Bettencourt	リリアンヌ・ベッタンクール	ロレアル	89	フランス	24	1.92
16	Jim Walton	ジム・ウォルトン	ウォルマート	64	アメリカ	23.7	1.90
17	Alice Walton	アリス・ウォルトン	ウォルマート	62	アメリカ	23.3	1.86
18	S. Robson Walton	ロブソン・ウォルトン	ウォルマート	68	アメリカ	23.1	1.85
19	Mukesh Ambani	ムケシュ・アンバニ	リライアンス・インダストリーズ	54	インド	22.3	1.78
20	Michael Bloomberg	マイケル・ブルームバーグ	ブルームバーグ	70	アメリカ	22	1.76
21	Lakshmi Mittal	ラクシュミ・ミッタル	ミッタル・スチール	61	インド	20.7	1.66
22	George Soros	ジョージ・ソロス	投資家	81	アメリカ	20	1.60
23	Michele Ferrero & family	ミケーレ・フェレロ	フェレロ	85	イタリア	19	1.52
24	Sergey Brin	サーゲイ・ブリン	グーグル	38	アメリカ	18.7	1.50
24	Larry Page	ラリー・ペイジ	グーグル	39	アメリカ	18.7	1.50
	以下、その他注目の人物						
26	Jeff Bezos	ジェフ・ベゾス	アマゾン	48	アメリカ	18.4	1.47
35	Mark Zuckerberg	マーク・ザッカーバーグ	フェイスブック	27	アメリカ	17.5	1.40
41	Michael Dell	マイケル・デル	デル	47	アメリカ	15.9	1.27
44	Steve Ballmer	スティーブ・バルマー	マイクロソフト	56	アメリカ	15.7	1.26
47	Phil Knight	フィル・ナイト	ナイキ	74	アメリカ	14.4	1.15
48	Paul Allen	ポール・アレン	マイクロソフト	59	アメリカ	14.2	1.14
86	Robin Li	李彦宏（ロビン・リー）	百度	43	中国	10.2	0.82
88	Tadashi Yanai & family	柳井正	ファーストリテイリング	63	日本	10	0.80
106	Lee Kun-Hee	李健熙	サムスン創業家	70	韓国	8.3	0.66
161	Chung Mong-Koo	鄭夢九	現代創業家	74	韓国	6.2	0.50

出所）Forbes 2012年　世界長者ランキング。一部筆者修正。

神を発揮する機会に恵まれているかどうか、そして、その社会に起業家が大勢いるかどうかという点である。」（マズロー, A., 大川修二訳 (2001) 321頁）。そして彼らには多額の金銭的な報酬を受け取る価値があるが、それ以外の精神的報酬も与えるべきであると述べている。

　繰り返しになるが日本の場合、起業家に対する社会的尊敬の意識は低いものがある。日本では集団との関係性が起業の足枷になることが多い。事業に

14   第1章 起業とは

図表5　フォーブス・アジア版　日本長者番付（2012年）

(1ドル＝80円換算)

順位	氏名	企業名	役職	資産額 (10億米ドル)	資産額 (百億円)
1	柳井 正	ファーストリテイリング	会長兼社長	10.6	84.8
2	佐治 信忠	サントリーホールディング	社長	7.9	63.2
3	孫 正義	ソフトバンク	社長	6.9	55.2
4	三木谷 浩史	楽天	会長兼社長	6.3	50.4
5	毒島 邦雄	三共 (SANKYO)	名誉会長	5.7	45.6
6	滝崎 武光	キーエンス	会長	4.0	32.0
7	田中 良和	グリー	社長	3.5	28.0
8	森 章	森トラスト	社長	3.2	25.6
9	高原 慶一朗	ユニ・チャーム	取締役ファウンダー	2.9	23.2
10	韓 昌祐	マルハン	会長	2.8	22.4
11	山内 溥	任天堂	相談役	2.7	21.6
12	伊藤 雅俊	セブン&アイ・ホールディングス	名誉会長	2.6	20.8
13	糸山 英太郎	新日本観光	会長	2.5	20.0
14	三木 正浩	エービーシー・マート	創業者	2.4	19.2
15	武井 博子	武富士	元会長夫人	2.0	16.0
16	多田 勝美	大東建託	創業者	1.9	15.2
17	永守 重信	日本電産	社長	1.8	14.4
18	岡田 和生	ユニバーサルエンターテイメント	会長	1.6	12.8
19	福武 總一郎	ベネッセホールディングス	会長	1.5	12.0
20	金沢 要求	三洋物産	社長	1.4	11.2
21	木下 恭輔	アコム	相談役	1.3	10.4
22	神内 良一	プロミス	創業者	1.25	10.0
23	似鳥 昭雄	ニトリ	社長	1.20	9.6
24	国分 勘兵衛	国分	会長兼社長	1.18	9.4
25	里見 治	セガサミーホールディングス	会長兼社長	1.15	9.2
26	島村 恒俊	しまむら	創業者	1.10	8.8
27	大塚 実／ 大塚 裕司	大塚商会	名誉会長／社長	1.05	8.4
28	船井 哲良	船井電機	会長	1.00	8.0
29	重田 康光	光通信	会長	0.99	7.9
30	前沢 友作	スタートトゥデイ	代表取締役	0.95	7.6
31	稲盛 和夫	京セラ	名誉会長	0.94	7.5
32	安田 隆夫	ドン・キホーテ	会長	0.93	7.4
33	松井 千鶴子／ 松井 道夫	松井証券	社長など	0.91	7.3
34	多田 直樹	サンドラッグ	創業者一族	0.90	7.2
35	増田 宗昭	カルチュア・コンビニエンス・クラブ	社長	0.85	6.8
36	上原 昭二	大正製薬	名誉会長	0.80	6.4
37	杉浦 広一	スギホールディングス	会長	0.74	5.9
38	石橋 寛	ブリヂストン	創業者一族	0.67	5.4
39	福嶋 康博	スクウェア・エニックス・ホールディングス	名誉会長	0.66	5.3
40	小川 賢太郎	ゼンショーホールディングス	社長	0.65	5.2

出所）Forbes 2012年　アジア長者ランキング。一部筆者修正。

成功すると,「妬まれる」,「痛くもない腹を探られる」,「出る杭は打たれる」という事態になる。事業に失敗でもすれば,「叩かれる」,「後ろ指をさされる」,「信用を失墜する」「再起は困難になる」,「社会に顔向けが出来なくなる」。従って起業のような冒険は止めたほうが賢明であるという判断に陥ることになってしまう。

　起業ということはある意味で投機的な企て以外の何者でもないという見方がある。果たしてそうだろうか。それが典型的に表れたわが国の事例を次章でみていくことにしたい。

注
1　マズローはより承認よりも高次な欲求として自己実現の欲求があり,これには満足や限度の際限がないという。アメリカでは自分が重要とみなす仕事を通じて自己実現の欲求は達成されているという（マズロー,A., 大川修二訳（2001）13頁）。

第 2 章

ライブドア事件

　本章では 2006 年に起きた 1 人の起業家を巡る事件を取り上げその経緯と背景などについて詳しくみていくことにする。

1. ライブドアの歩み

　ライブドアは 1996 年に東京大学文学部の学生であった堀江貴文が設立したウェブページの制作を請け負う IT 企業で，インターネット普及の波にのり順調に業容を拡大し 2000 年に東京証券取引所のマザーズ市場に株式上場を果たした。その後も株式交換による積極的な企業買収を実施し事業規模を拡大し，2004 年プロ野球球団買収や 2005 年ニッポン放送買収計画に乗り出したことなどを契機として堀江貴文がマスコミに露出する機会が増え，その言動が若い世代の支持を得て一時社会的現象となるほどの人気を博すこととなった。2006 年（平成 18 年）年初に証券取引法（当時）違反の容疑で逮捕され，2011 年に懲役刑が確定，収監される。収監中も週刊誌の連載やツイッターのフォロワーがトップ 10 に入るなど話題性を維持していた。2013 年（平成 25 年）刑期を終えて社会復帰した[1]。

以下は簡単な会社沿革である。

　1996（平成 8）年　堀江貴文が大学生 4 人でオン・ザ・エッヂを設立（堀江は東京大学を中退する）。

　1998（平成 10）年　インターネット広告事業に進出。

　1999（平成 11）年　宮内亮治が財務担当取締役として経営参加。

　2000（平成 12）年 4 月　東京証券取引所マザーズ市場に上場。

2003（平成15）年　ポータルサイト事業に進出，8月　1：10の株式分割を実施。

2004（平成16）年　インターネットプロバイダーであったライブドアから商号譲渡を受け社名を変更。2月　1：100の株式分割を実施，8月　1：10の株式分割を実施。

2004年　バリュークリックジャパン（2005年6月にライブドアマーケティングへ商号変更），日本グローバル証券，ロイヤル信販，弥生など大型企業買収を実施。ライブドアマーケティングがマネーライフを株式交換で買収することを公表。

2004年　近鉄バファローズの買収を表明（その後買収は成立せず）。

2004年　ポータルサイトで独自ニュースの配信開始。

2005（平成17）年　西京銀行と業務提携しインターネット専業銀行の設立構想を発表。

2005年2月　ニッポン放送の35％の株式を時間外取引などで取得。買収資金800億円はリーマン・ブラザーズ証券のアレンジでMSCB（下方修正条項付転換社債）発行により調達。

2005年5月　フジテレビと合意。ニッポン放送の株式32.4％を保有する子会社であるフジテレビに売却。同時にフジテレビを割当先とした第三者割当増資を実施（発行総額440億円）。

2005年9月　堀江貴文が衆議院選挙に無所属で出馬。自民党の実質的支援を得るものの落選（得票率31.6％で次点となる），ジャック・ホールディングス子会社化，11月　セシール子会社化。

2005年12月　経団連入会。

2006（平成18）年1月　東京地検が証券取引法違反の容疑で本社等を家宅捜査。その直後からライブドア関連株式だけでなく東証株価が全面的に急落する（「ライブドア・ショック」と呼ばれる）。堀江貴文，宮内亮治など経営陣4名が逮捕され，堀江貴文は結局ライブドア取締役を辞任。

2006年3月　フジテレビが保有するライブドア株式をUSEN社長である

宇野康秀に売却。

　2006年4月　ライブドア株式の上場廃止。

　2007（平成19）年3月　東京地裁ライブドア事件判決。

　2008（平成20）年7月　東京高裁ライブドア事件控訴審判決。

　2009（平成21）年12月　旧経営者に対する損害賠償訴訟でLDH（旧ライブドア）と堀江貴文は約208億7千万円相当の資産引き渡しで和解。

　2011（平成23）年4月　最高裁ライブドア事件上告棄却，堀江貴文の懲役2年6ヶ月の実刑確定，6月　収監される（2013年3月仮釈放。11月　刑期終了）。

　2011（平成23）年8月　解散決議。残余財産を株主に分配する。

旧「株式会社ライブドア」　会社概要（2005年9月期有価証券報告書より）
　　資本金　862億円（2005年9月期）
　　売上高　784億円（同）
　　経常利益　112億円（同）
　　社員数　699名（同）
　　グループ会社数　子会社44社，関連会社5社，グループ社員数2456名（同）
　　事業内容　インターネット関連サービスを主業務としながらコンサルティング，ネットワークソリューション，モバイルソリューション，ネットメディア，イーファイナンス，ソフトウェア，イーコマース（同）

2. 検察の立件思想と司法判断

　ここでは本題から逸脱しない範囲で事件の概要と司法判断について簡単に触れておくことにする。堀江貴文が立件された内容は以下の2点である（詳細については『判例タイムズ』No.1302（2009.10.1）を参照されたい）。

　(1)　ライブドア子会社の株式売買等の目的で行われた風説の流布と偽計の

使用罪（旧証券取引法158条）

(A) これはライブドアマーケティング（2000年5月に東証マザーズ市場に上場したバリュークリックジャパン，2004年にライブドアがその株式の約85％を買収し連結子会社化した会社）が，ライブドアの実質孫会社であるマネーライフ（ライブドア100％子会社であるライブドアファイナンスの実質100％子会社）との間で（不合理な交換比率において）株式交換をする旨の情報を東京証券取引所の自主ルールである適宜情報開示（タイムリー・ディスクロージャー）のシステムTDnetを使い公表したこと（これは法定開示書類ではない）。不合理な交換部分の金額は約1.5億円。

(B) また，ライブドアマーケティングの2004年12期第3四半期の決算を，本来赤字にも関わらず連結対象でない関連会社キューズ・ネットへの架空売上約1億円の計上により黒字になると同じ東証のTDnetで公表したことである。

これらの行為が，旧証券取引法158条の有価証券の①売買その他の取引のため，②または相場変動を図る目的を持って行う「風説の流布」「偽計の使用」の罪に当たるというものである。「風説の流布」とは虚偽又は合理的根拠のない不確かな情報を多くの人に広めることを言い，本件ではタイムリー・ディスクロージャーおよび四半期報告書で公表したことを指している。また「偽計の使用」とは他人の判断に錯誤を生じさせるため不公正な策略や手段を使い本来の事実を隠すことを意味しているが，本件では株式交換比率を恣意的に決めたことを指摘されている。ここでは子会社ライブドアマーケティングの株式について上記①②の2つの目的により被告人が行ったと認定された。

ライブドアが株式公開していたのはベンチャー企業向けの東証マザーズ市場である。新興株式市場の位置づけについては，「新興企業向け市場における取引の大部分は個人投資家によって行われています。しかし，新興企業が発行する有価証券はリスクが高いので，開示情報を判断する能力のある専門家が中心となって取引を行うのが本来の姿だと考えられます。」（黒沼悦郎

(2011) 138 頁）という法律家の意見もあるが，ライブドアの場合株式分割で 1 株当たりの株価が低くなっていたこと，また経営者の人気からこうした専門知識を全く持たず，かつリスクを考慮しない個人株主がかなり多かったことも結果的には問題であったと考えられる。

(2) ライブドアの虚偽有価証券報告書提出罪（旧証券取引法 197 条 1 項 1 号）

これは 2004 年（平成 16 年）9 月期のライブドアの連結決算で約 53 億円の架空売上を計上し公表した疑いである。ライブドア 100％子会社のライブドアファイナンスが出資していた 4 つの投資事業組合が保有していたライブドア株式を売却した際の売却益約 37 億円と連結対象でない関連会社（キューズネット，ロイヤル信販）向けの架空売上約 16 億円を，共にライブドアの連結売上高に計上したというものである。

次の図表 6 は事件構成の概略図である。

図表 6　ライブドア事件の構図

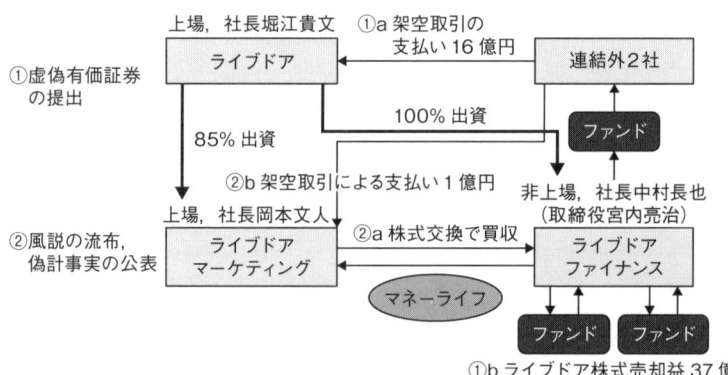

出所）筆者作成。ファンドについてはスキームを簡略化して表示している。
　　　また，役員なども全てを表示していない。

司法判断

事件に対する司法判断は以下の論点に集約できる。

(1)(A) 虚偽事実がある（虚偽の事実の公表，虚偽の有価証券報告書の提出）。

(1)(B) 被告人の犯意，共謀の事実が認められる

(2) 投資事業組合に実態はなく会計処理を逃れる潜脱目的のものであり架空売上である

(3) 懲役2年6ヶ月の実刑判決。執行猶予すべき事案ではない

3. 法学者の見解

司法判断に対する法律専門家のいくつかの見解を整理してみると以下のようになっており，意見が分かれている。

大杉謙一（2007）の見解

(1)(A) 虚偽の記載は事実であるといえる（架空売上を含む業績公表は該当する。交換比率の公表については疑問）。それを公表したのはともに流布に当たる。偽計の適用は初めてのケースであるが，一般の投資家を錯誤させたことは偽計と解釈される。さらにライブドア本体の株式100分割などもこの一部ととらえることも可能。虚偽の有価証券の提出については，架空売上は争う余地のないもの。

(1)(B) 被告人が中心的役割を果たしているのは否めない。

(2) 投資事業組合での親会社株式売却益の売上計上については，当時会計の明確なルールはなかったが，公正妥当なルールとして資本取引として処理すべきものであり判決は妥当である。

(3) 類似の裁判事例の量刑理由が公表されていない（ほとんどが執行猶予）が，重すぎることも軽すぎることもない。

髙山佳奈子（2009）の見解

(1)(A) 株式交換比率については第三者機関の評価を介しているので，その評価判断の是非は第三者機関の責に帰するもので被告人ではない。

(1)(B) 被告人は架空売上を計上することの概括的認識はある程度あったが，被告人はそれ程会計知識をもち合わせておらず，社内の専門家がそれを法に触れないよう処理をすると期待していた。つまり違法性の意識，公表の虚偽性の認識があったとするには検討を要する。

(2) 当時投資事業組合の会計処理方法は確立していたとは言えず，本件の処理はあり得ない方法であったとまでは言い切れない。

(3) 過去の類似事案からみて最も重い量刑である。「犯罪の社会的影響」を考慮したものと推察されるが説得的ではなく，執行猶予が付くのが相当。

弥永真生（2011）の見解

(1)(A) 第三者機関により決定された株式交換比率を利用していることから，それを被告人が信じて公表すること自体から，被告人が虚偽の認定をしていたと推定することに繋がらない。

(1)(B) 短期で四半期決算を黒字化できる可能性も否定できない。被告人がそれを信じた可能性も否定できない。

(2) 投資事業組合を連結すべきということは当時の会計ルールは明確ではなかった。否定されていなければ法令違反にならないと考えてもおかしくはない。例え連結すべきとしても，本件は自己株式の消費貸借による取引であり，そのルールは議論されたこともない状況であった。自己株式のコールオプション売却のプレミアムが損益に反映されることを考えれば，借株の売買損益を損益計算書に計上するという解釈の余地もありうる。必ずしも架空売上とは言えない。

(3) 言及なし。(「本判決は，原審判決を除けば，上場会社の代表取締役について，……，違法配当もないにもかかわらず，実刑判決を言い渡した，おそらく初めてのものである。」と述べている。)

4. 判決の読み方

　堀江貴文について判決の妥当性について企業経営の観点を加えて若干考えてみたい。

(1) 子会社の風説の流布と偽計の使用罪

　子会社間（85％株式を買収した上場子会社ライブドアマーケティングと完全子会社ライブドアファイナンス）の会社（マネーライフ）売買取引である株式交換比率の算定に対して，疑義があるのは理解できるものの当該会社の企業価値は第三者専門機関の認定があった。さらに子会社間の手数料決済や相場変動リスク分など相応の理屈が含まれているとの事務方の補足説明があったのであれば，ライブドア最高経営者であった堀江貴文の立場としては納得理解出来る範囲のものであり，その違法性の認識は薄かったものと思われる。「本来あるべき企業価値」の認定については難しい問題であり，裁判所の判断も結局 1 つの意見にすぎない。堀江貴文としては元々当該会社の買収については関心がなかったと述べており，本買収案件は会社の実質 No.2 で堀江貴文と並び立つ地位にあった宮内亮治が社長を務める金融子会社へのグループ内部での資金移転取引と考えた程度であろう。本取引はライブドアファイナンスには利益，ライブドアマーケティングには不利益が発生したが，ライブドア本体にとって影響はほとんどないと堀江貴文が理解したとしても不自然ではない。

　また連結外子会社からの広告業務発注による売上計上も金額も大きくなく，架空計上というよりはグループ間の利益の付け替えと理解して同様に認容の範囲と受け止めたものと思われる。これによる堀江貴文の利益は殆どなかったこと，他の一般株主の不利益の程度もきわめて限定的であったかと思われる。

　更に当該情報開示は法令が定めるものではなく，東証が上場会社に義務づけている公表情報に該当しその適宜開示システム TDnet を通じて行われた。

意図的に行うものであれば違う公表方法，内容表現も併用したはずであると考えるのが自然ではないか．

目的要件である「ライブドアマーケティングの株式売買のため及びその相場の変動を図る目的をもって」については，交換比率の操作は価格を押し下げる効果はあるが投資家には十分理解はできない種類の情報と考えられる．加えて買収会社の規模や架空売上げとされる部分で実現したとする損益のインパクトは小さく，むしろ結果的には株価変動には株式100分割発表の効果（虚偽ではない情報）のほうが大きかったというべきである．

以上からみて相場操縦規制の1つである風説の流布と偽計の使用罪を問うには行為者の犯意（合理的な交換比率ではないとの確信）も特定できず厳しい司法判断と考えられる．

(2) ライブドアの虚偽有価証券報告書提出罪

これはライブドア本体の決算であり，最高経営者である被告が前期利益額対比の大幅増益に拘っていた事実と，大きな利益額が複数の取引により意図的に創造されていることからして，最高経営者である堀江貴文がその本質的な意思決定に関与していなかったということは言えない．

但しその方法のうち「投資事業組合を利用してライブドア株式の売却益を売上計上した」点については，当時会計ルールが明確に確立していない際にどのように扱うかは慎重な判断が必要である．当時会計慣行が曖昧な点を利用したことは明確であるが，堀江貴文はそれが不可能ではないと説明を受け納得したと考えられる．公正な会計慣行を確立するため制度整備を行ったのは本件後である．またライブドア株式の一部は堀江貴文からの借株であり，売却益が出るかは市場次第であった．その意味で投資事業組合はダミー会社ではなく証券会社の子会社役員（但し元社員）が業務執行組合員となり，価格変動リスクを取り短期の資金運用を行ったのである．最もその運用時期はライブドア株式100分割により株価が高騰するというタイミングを巧みに利用している．裁判所の指摘する潜脱目的の投資事業組合は「当該取引におい

てその存在を否定すべきである」（判例タイムズ No.1287, 299 頁）として投資事業組合を無視して連結子会社による親会社株式の取引とみなすという判断は，投資事業組合の制度を否定し，会計ルールを新たに作ることになりかねず本事案のみ他の投資事業組合と別扱いをすることに繋がる。一般的に上場したベンチャー企業が同様の金融子会社を持ち投資活動をしているのは国内外で一般的な行動である。本件もその扱いを行うべきである。

　刑法学者の芝原邦爾はその著書で，自主的な経済活動を尊重する社会の実現が要請され，そのため行政による事前予防社会から事後規制社会に転換が図られるようになった。それに伴い「事後チェックを中心とする社会では，国民や企業が自由な行動を行う際に，その基準となる公正で透明性の高いルールがあらかじめ確立されていることが必要です。人々はこのルールの枠内で自由に活動するとともに，これに違反してほかの人の利益を侵害した場合は，さまざまな形で確実にその責任が問われることになります。」（芝原邦爾（2000）1 頁）と述べている。

　裁判で望ましい判断やルールの解釈が後から示され確立しても，取引時点でその扱いについての示達が各経済主体，会計専門家に徹底されていなければ統一して従うことは出来ず，事後適応となりかねない。本件は類似裁判の判断とも異なる事後法，類推の禁止に近い判断とも考えられうる。

　また「関係会社取引を売上計上した」点については，売上高達成という企業行動は企業本来のものである。もちろん取引自体存在しない全くの架空売上は論外であるが，関係会社との「実際」の取引が存在し，売上が計上され売上目標が達成されることは禁じられている訳ではなく通常の行動と言える。しかし本件の場合は金額も大きく，取引時点では子会社からみると支払資金も不足していることなど外形的に見ても不自然な取引だとみなされるべきである。投資家から常に高い成長を期待されるベンチャー企業として利益を良く見せる必要に駆られた犯罪行為（判決によると成長偽装型の粉飾）と見なされる。根拠の乏しい業績の上方修正を複数回公表（業績修正の公表は義務ではなく自主ルール）した挙句，それが自業自得となり無理を承知の上

で行った行為とみられる。ただし本件の取引はグループ外に資金流出もなく、キャッシュフローを偽ってまで損益計上したものではないことが1つの救いでもある。

(3) 「被告人の犯意や共犯の立証」については難しい。仮にもマザーズ市場という上場基準がもともと緩和された新興株式市場であっても、被告人は会社の代表取締役として、幹事証券会社や証券取引所の上場審査の面接を通過し、上場後数年経過しており見識がなかったと言い逃れることは出来ない（なお被告は証券外務員資格も保有している）。疑義があれば第三者に確認できる立場にもある。しかし本件の社内実態を推察すれば、被告人は元々自他ともに認めるコンピュータの専門家「コンピュータおたく」であり、また事件前はマスコミ等に「タレント」として盛んに登場しており、本人が綿密な犯行計画を自ら策定する能力、時間がないことも明白のように思われる。一方被告人の外に会社内部に経理や財務に詳しい経営者がいることから、彼らが綿密な計画を立案し、被告人が詳細について不明ながらも脱法ほどの行為ではないと考え包括承認を与えていたとみるのが妥当であろう。粉飾の指示については具体的な指示はしていないが、「売上」「黒字化」達成などのことは経営者であれば一般論として通常行う指示であり、それだけで利益が実現したと考えるのは無理な解釈と言える。その実現のために最高財務責任者取締役宮内亮治などを中心としてグレーな計数づくりが行われたことは堀江貴文自身十分理解していたと思われる。宮内亮治は税理士でもあり、ライブドアの財務、投資業務を統括するなどかなりの専門知識を有しており本件を事実上主導していたものと思われる。また投資事業組合を用いたスキームの大半には自ら経営を所管しているライブドアファイナンスが中心となって関与している。実際の経営オペレーションは宮内に一任に近い形で任されていた。従って堀江貴文がどの程度までそのスキームや法令違反について理解できていたのかは実のところ不明である。結局堀江貴文自身の経営者としての責任は免れることはないが、明白に実行の主体であった宮内と会社の業務に

ついて経営者各自が得意な分野に「役割分担」していたと証言しており，共謀共同正犯までいくのかという点についての見方は分かれるのではないか。

(4)「実刑判断について」は刑罰の持つ社会的制裁や社会へのアナウンスメント効果は量刑基準により担保されていることから，それでもなお先例として実刑にして制裁を加えるべきとの裁判所の判断根拠は判決文からは伺うことはできない。前例になる有価証券虚偽記載の類似事件と比較しても執行猶予制度の適用があってしかるべき事案だったのではないか。被告人の上申書でも反省態度などがみられず情状酌量の余地がないと断じ，既に社会的制裁を受けている上での実刑は厳しい措置と社会でも受け止められた。堀江貴文の持つ社会的影響を一度遮断する意味が含まれていたと感じる。

子会社株式の風説の流布と偽計の使用罪は，取引や相場の変動を目的としてタイムリー・ディスクロージャー制度を悪用したとされるが，その目的の合理化自体に無理が生じる。また例え取引や相場の変動の意図があるとしても（もっともその意図がない経営者が存在するのか果たして疑問だが），手段の選択，自社利益の実現が周到に行われていない。また子会社は本体に比べ会社の規模も小さく，ライブドアによる買収後のため一般株主も多くはなく，風説と偽計による効果，つまり実質の被害は軽微であった。結果として併合罪を予定したような罪状であり，構成上唐突感が強い。

以上よりこの事案で裁判は何の価値を維持したのかが不明である。ライブドア各社の粉飾決算を暴いたのか，適時開示制度を悪用したことを断罪し証券市場の取引の透明性，信頼性を高めたのか，あるいは成長志向で業績まで創り上げてしまうベンチャー企業経営者の姿勢の悪さを叩いたのか，株価至上主義をとりそれを梃子にゲーム感覚で買収につき進むというブームの沈静化を図ったのだろうか。後者については，この裁判の経済効果は一罰百戒の如く効きすぎるほどのものであったと思えるが，前者についてはこの事件の後証券市場を巡る大きな不祥事（大手証券会社の巨額粉飾事件，上場基準時点で大半の売上高が架空のベンチャー企業，大手証券会社のインサイダー事

件など）が生じているが，その始末は本事案と比べ誠に軽微で世間をむしろ驚かせている。

　公判の記録等から推察すると，堀江貴文は時に経営者としての鋭敏な見識をみせるが，大半の弁論内容，受け応えの表現も幼く，社会的な存在である上場企業の経営者とは思われない責任感の欠如も散見される。彼自身は会社の成長を至上命題としてなりふり構わず経営してきた様子がみてとれるだけで，計画性や巧緻なスキームを創案，あるいは指示，作成し投資家を欺く考えも，その専門知識も持ち合わせていなかったことは明らかである。好ましくないことをしている意識は持ち合わせていたようだが，法律に触れるまでではないとの楽観論，思い込みに立ち，多くの事案について社内の専門家まかせにしていた。特に社内 No.2 の最高財務責任者であった取締役宮内亮治との力関係は微妙であり，社内の意思決定が堀江の思う通りにならないことが多かったことを再三証言しているし，宮内の著書でもこれを伺わせる記述がある。同社の金融子会社は実質的に社長である宮内亮治が意思決定をしており，この領域では堀江貴文は自分の意見を通せていない。金融子会社はライブドアの完全子会社なので，ライブドア本体の売上を上げてくれる事案であれば，意に沿わないことも追認していくというスタンスとなっていた。多くの業歴の浅いベンチャー企業にみられるように経営トップと No.2 で権力が割れていた典型例と見受けられる。事件発覚の直前には，経営者の考え方はばらばらとなっており，業務毎に分社経営になっていたというのが実情のようだ。ソフトバンクの孫正義と SBI の北尾吉孝は平和裡に会社分離しているが，ライブドアも類似した状況だったのではないか。少なくとも判決のように「絶大なる権限を保持していた」という表現は実像からはずれていたのではないか。

　堀江貴文は，判決文が指摘するように上場企業の創業経営者でかつ，大株主である地位を自覚して，会社の利害関係者の負託に応えるような厳しい経営をすべきであったのだろう。学生サークルの延長のままで会社として統一性がなく，ただ買収だけで企業規模を追求していくには自ずと限界があるこ

との自覚が不足していた。自己の能力に限界があるとの認識があれば社内のNo.2の宮内だけに依存せず，経営管理の専門家を外部から招へいするなどして，成長と管理の調整を本来目指すのが経営者としてすべき選択であったのかも知れない。上場企業の経営者として未熟と言われても仕方ない面はあった。楽天の三木谷浩史のように金融界に人脈があれば，そうした人材補充が容易であったと思われる。しかし，起業家に知恵や分別を授けることもなく，上場を承認した取引所，幹事証券，またマスコミや政治の世界で彼を祭り上げた社会の責任も改めて問われる必要があるだろう。

　東京地裁判決文では，被告人堀江貴文に対して「ライブドアの企業価値を実態よりも過大にみせかけ，度重なる株式分割を実施して人為的にライブドアの株価を高騰させ，同社の時価総額を平成15年9月末約295億円であったものが，平成17年9月末には約2528億円，平成17年9月末には約4689億円と増大させたものである。一般投資家を欺き，その犠牲の上に立って，企業利益のみを追求した犯罪であって，その目的に酌量の余地がないばかりか，強い非難に値する」(『判例タイムズ』No.1297, 347頁) と断じている。しかし前段の株式分割は適法でありかつ人為的に株価を高騰させた事実はないし，後段の「一般投資家を欺き，その犠牲の上に立って，企業利益のみを追求した犯罪」という表層的な世間論に流された理由では企業犯罪を裁けないのではないか。株式分割で人気が出て一時的に株価が高騰したことを利用してはいけないことなのだろうか。制度設計の不備であったならば，すぐ修正し市場に参加する一般投資家の不利益を一刻も早く回避すべきではなかったか。不完備な制度を放置した挙句，その制度を利用した企業に対して企業利益のみ追求してはいけないと処罰をするとなると企業は一体何を追求する組織なのだろうか。金融庁と検察では立場が違うものの，プレーヤーにとっては不幸な事件となった。

　起業家として文字通りゼロから会社を立ち上げ，それまで多くの一般投資家の利益も実現し，今後の成長期待を過大に感じ努力していた起業家精神への評価は一切ないのだろうか。堀江貴文は「どんな内面的規範にも服しよう

としない，向こうみずな営利活動」（ウェーバー, M., 大塚訳 54 頁）だけしていたという評価なのだろうか。日本の「世間」は若い経営者の考え違いを修正させ，暴走を抑えるのが使命ではなく，息の根を止めることに向かい勝ちである。実際の司直ではあり得ないと思われるが，刑罰を前提として逆に違反行為を構成することはあってはならないと考えられる。

　むしろ司直の捜査により，上場企業の現役の経営者が逮捕された場合は，一般論として生きている企業の活動は事実上停止される可能性が大きい。まして上場企業では市場の投資家が敏感に反応する。その間に企業の有形，無形の資産は縮小していき，人的資源も流出し結果として企業価値は減じ，場合により企業は消滅していくことに繋がりかねない。特に創業者が経営する企業の場合は慎重を要する。罪を裁きながらも，慎重に企業を活かすことが司法に求められる機能であろう。また別な見方からすると強制力はそれほど強いことから一旦経営者を逮捕する以上その経済的損失を考えると無罪には出来ないという事実もあるのだろう。つまり起業家だけでなく法人の生殺与奪の権利もある意味で握っていることまで理解する必要があるのではないか。取り調べたところ当初の見込みほどではなかったライブドアの扱いについてはその面がより強く出たのではないかと思われる。

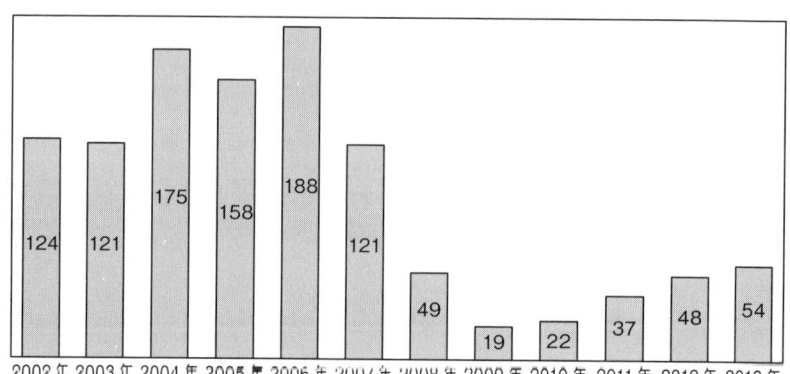

図表 7　新規株式上場企業数の推移（全市場）

2002年	2003年	2004年	2005年	2006年	2007年	2008年	2009年	2010年	2011年	2012年	2013年
124	121	175	158	188	121	49	19	22	37	48	54

注）数字は社数。

ライブドア事件後には，図表7に見られるようにわが国の株式公開の環境が一気に悪化して，公開会社数は激減するなど長く尾を引くこととなった。つまりこの裁判により新興株式市場は完全に冷却させられたのである。もちろん出口としての公開市場が冷えたため，新たに挑戦するもの，それを支援する関連組織も縮小し，投資を担当する専門職業人もこの市場より流出することになった。すなわち起業システム自体が機能を喪失する事態に陥ったのである。

5. 起業思想への影響

　司法判断についての論評はここでの本旨ではないので，経営的な観点からいくつかの点を指摘しておきたい。

(1) 資本主義システムの原動力としての企業

　企業は本来的に成長を志向していくものである。それは成長が停滞したり，減収していくことによる組織力の低下を怖れるためである。個人企業からスタートして，法人格を持つ合同企業，株式会社，そして成長性を持ち規模が大きくなったほんの一部の企業が株式上場のレベルに到達する。さらに上場したとしても規模の小さいままの企業もあれば，株式上場という立場を利用してさらに巨大な企業に成長していく企業がごく稀に生まれてくる。このような大企業が生み出す雇用や納税が国の経済を潤していき，経済をさらに発展させていくのである。このレベルになると安心して良質な人的資源が当該企業に流れ込むようになり企業としての安定性が一層高まっていくのである。

　現代世界のほとんどの国は，「資本主義」という，利潤追求を動機とする民間の株式会社（有限責任の私企業）による市場での経済活動（生産，消費，分配）を基本とする経済システムをとっている。私企業は株主利益の観点から利潤を追求し，それを再投資し成長を続けるよう動機づけられている。このシステム内の経済活動は，市場での自由な取引により成り立ってお

り，需給調整は価格メカニズムにより行われている。政府の役割は，通常は市場の監視が基本だが，時として起きる市場の暴走（パニック）や機能不全を修正するために介入することもある。

　このシステムが本来的に持つ問題点も多々指摘されているが，シュンペーターはしばしば起きる景気後退の内的な根本原因として，経済発展の原動力である企業家のイノベーション活動が断続して（シュンペーターの言葉で言えば「時間的に均等に」）生まれない（同じく「企業者の群生的出現」）ことを指摘している（シュンペーター，J.，塩野谷他訳（1977）下巻，210 頁）。

　古い企業は，成長機会の探索が難しくなるうえ，経営組織も大きくなり，人件費コストも上がり効率が悪化し次第に成熟過程に入り，一般論として成長力が落ちていく運命にある。経済の成長・発展のためには常に成長力を化体した新しい企業が生まれていくことが一国の立場からも要請されているのである。

(2) **新興企業という存在の見方**

　ライブドア事件を担当した当時の東京地検特捜部長はその前年の就任会見で次のように述べたという。

　「額に汗して働く人，リストラされ働けない人，違反をすればもうかるとわかっていても法律を順守している企業の人たちが憤慨するような事案を困難を排して摘発したい」（朝日新聞 2005 年 4 月 9 日朝刊）。

　この言葉はまじめに働いている人が憤慨するような有名な事案を摘発していくという東京地方検察庁特別捜査部という組織トップの本音を語ったものだが，それは買収をゲームとみなしているベンチャー企業は排斥していくように聞こえるが何にとって公正なことなのかは正直なところ不明である。額に汗しない高株価経営や闇雲な企業買収戦略などによる企業成長は法の正義に従う行為である以上それ自身摘発すべきものでも，善悪の価値判断を挟む

ものではないはずである。法の正義に反する行為に対して初めて公訴権を行使するのが本来の司直の役割だと思われる。摘発により額に汗する正常な部分も失われてしまっては国民経済にとって損失となる。守るべきもの，罪を問うものを峻別して，後者を慎重に摘出することが司直の機能として本来求められているものである。

　ライブドアのような新興株式市場に上場するベンチャー企業は，当初のビジネスモデルで上場までこぎつけるものの，上場後は事業の伸びしろがなくなり成長が止まるケースが少なくない。こうした成長の壁は自社の経営資源の不足というより，最初のビジネスモデルによる市場の限界がみえることによるものと思われる。この壁の回避のために上場後も次なるビジネスモデルへの転換や他社との提携・買収戦略により次なる成長機会を探っていく努力が求められる。ライブドアの場合もホームページ制作の請負では限界があるため，先行するIT企業に範をとって上場時に資本市場で調達した資金によりポータル事業，ファイナンス事業に進出した。更にそのポータル事業のコンテンツ事業を増やすべく積極的な買収を重ねたが，その買収がすぐには効果を出せない焦りがあったのだろう。株式分割により意図せざる自社株価急騰という追い風が吹いたことで決算をメイクし，時間と資金を稼いで更なる買収戦略に乗り出したというのが真相であろう。この間の時間が短く，手法は強引であり，リーガル意識があまりにも欠如していたため経済社会の秩序を一面では乱したことは事実である。こうした事例をどのように考えるべきか。1つには上場基準を厳格化して会社として基盤を固め安定成長出来るまで待つか，あるいは早期の上場を認めるとしてもその後もリスクのある株式としてプロの投資家だけが参加する専門市場に限定するかなど検討する余地がある。わが国の場合投資家のリスク負担力の問題や独自の判断が通りにくいこともあって後者のような市場の理解は得られにくい。

　ライブドア事件が世間にどのように受け止められたかについて，日本経済新聞が2006年1月末にインターネットによるアンケート調査を実施している。それによると「重大犯罪であり，これまで見過ごされてきたことがおか

しい」59.2％，「現時点では違法性が明確でなく，犯罪かどうかわからない」16.8％，「摘発されて当然だが，たいした犯罪ではない」16.2％，「その他」7.8％となっている。別な質問項目では，事件を大きくした責任の所在については「金融庁・証券取引等監視委員会」59％，「マスコミ」56％，「公認会計士」47％の順であった。記事によると「ホリエモンを持ち上げておきながら，落ちた偶像をたたく」マスコミへの責任を認めつつも，この事件が従来軽微と見られてきた証券犯罪を重大事と捉えるように国民意識を転換させた事件だと述べている（日本経済新聞2006年2月6日）。

　証券当局については触れていないが，事件には無作為の罪があるのではないかと考えさせられる。原則として自由な経済行為を許しておきながら，突如過去に遡りルールを厳格に適用するのでは，経済自由主義とは言えなくなる。

　この点について。堀江貴文と交友のあるITベンチャー企業であるサイバーエージェントの経営者藤田晋は堀江逮捕について次のように述べている。

　「堀江さんが犯罪容疑者としてパトカーで搬送されていく姿を見て，何か自分の将来がどす黒いもので覆われたような感覚がして，茫然となり座り込んでいました。

　人とは違う生き方をする者への，世間の冷たい仕打ちを目の当たりにしたような気持ちがしたのです。

　起業家として，ゼロからベンチャー企業を立ち上げていくと，世間の反感を買ったり，既得権益を持っている人から邪魔されたりします。……何か巨大で抗えないものに負けてしまった……そんな感覚だったかも知れません。」（藤田晋（2013）167頁）。

　またライブドアから一部出資も得て同社社内に間借りしミドリムシ培養の事業化に乗り出していたバイオベンチャー企業ユーグレナの経営者出雲充は

5. 起業思想への影響

ライブドア捜査の渦中を経験し次のような感想を述べている。それまで彼らの事業に賛同し協力を申し出ていた多くの会社がライブドア出資の会社ということだけで対応が変わったという。

「それらすべての会社が，ライブドア強制捜査の後，手のひらを返したように，「すみませんが，ユーグレナさんとのビジネスをすることは難しくなりました」と断りの連絡を入れてきた。……「……ユーグレナのことも気に入っているんだけど，うちの会社の上がね。ライブドアとちょっとでも関係のある会社はダメだというんだよ」といったようなことを，みんな判で押したように言ってくる。理由を聞いても「社の方針なので」としか言わない。」

「ライブドアと関係があるから，というのが理由なのだ。「何が悪いんですか？」と最初のうちは反論していたが，後半にはそれすら言う気力がなくなってしまった。」（出雲充（2012）140-142頁）。

経済社会が一斉にライブドア関連のビジネスを禁忌と見るように変化したことが分かる。その後，出雲充はライブドアから出資分も買い戻し，社屋も出たが，ユーグレナに対する見方は変わらなかったと述懐している。

堀江に近い経営者の発言として割り引いても，こうした意識が多くの起業家の挑戦の意欲を殺いだことは想像に難くない。社会全体が理由もなしに「危うきに近寄らず」の風潮が蔓延すると本来のビジネスリスクを取る者がいなくなるのは自然の流れである。

出雲充は自分の起業経験から振り返り日本の起業風土について次のような見方を示している。

「アントレプレナー文化が育たないのも，このあまりにも極端すぎる日本の空気のぶれ方があるのではないか，と思う。僕たちのようにひとたび「こいつはライブドア関連だからダメだ」と見なされたら，そこから這い上がる

のにはたいへんな努力と時間を要する。しかし「これはいける」となったら，今度は我先にと雪崩を打つように押し寄せる。

　世の中のいろいろな報道を見ていても，日本人のこの特性がよい影響，悪い影響の双方を与えているように感じるときがある。」(出雲充（2012）214頁)。

　ここで少しわが国のベンチャー関連の政策整備の歴史をみておきたい。わが国でも 1990 年代後半以降，米国のベンチャー企業育成システムに習った制度整備を行い，新しい成長志向の企業を育成する産業政策に注力した。図表 8 は主な制度整備を一覧したものである。その制度整備により政策ブームと呼ばれるような平成のベンチャーブームを演出し，多くの新興企業を輩出したのである（ベンチャーブームについては松田修一（2005）22-26 頁を参照のこと）。

　東京証券取引所のマザーズ市場や大阪証券取引所のナスダックジャパン市場といったベンチャー企業向けの株式市場が相次いで整備され，安定性や収益性はまだ具備されていないが成長性のあるベンチャー企業の上場が積極的に促され，資本市場から調達した資金で更なる企業成長を期待されたのである。

　マザーズ市場へ上場するベンチャー企業はその上場基準からみて，他の一部，二部上場の企業とは扱いが元々異なる。東京証券取引所は，マザーズ市場の上場審査について「高い成長可能性を有する企業を上場対象としています。長期的な視点で高い成長可能性を評価するため，利益の額などの財務数値に関する基準は設けていません。」と説明している。

　堀江貴文は東証マザーズ上場審査について，2 回のヒアリングがあったが質問は創業メンバーの退社の経緯など簡単なものであり，「申請した書類については言葉遣いの細かなチェックが行われただけで，事実上素通りといってもいいほどだったのである。東証マザーズはそのころ，成長途上のベンチャー企業を上場させることを第一義としていた。そのために審査をかなり

5. 起業思想への影響　37

図表8　ベンチャー企業育成のための産業政策の年表

年	ベンチャー企業関連政策の推移	主なベンチャー企業、中小企業関連の動き
1963	公的ベンチャーキャピタルである中小企業投資育成会社の設立（東京、大阪、名古屋）	
1972	店頭登録市場（現ジャスダック）の創設	
1972	日本初のベンチャーキャピタル誕生（京都エンタープライズデベロップメント）	
1973	野村証券系のベンチャーキャピタルである日本合同ファイナンス（現ジャフコ）などを含め8社設立	第1次ベンチャーブーム(1972-73) 研究開発型の製造業が多かったが石油危機後の不況により倒産が相次ぐ。この時期に日本電産、キーエンスなどが設立
1975	債務保証を行う研究開発型企業育成センター（現ベンチャーエンタープライズセンター）の設立	
1982	日本合同ファイナンスが投資事業組合を初めて組成する	第2次ベンチャーブーム(1982-86) 円高不況後、流通・サービス系の企業が生まれる。
1983	店頭登録基準、東証二部上場基準の緩和 ベンチャーキャピタル設立が相次ぐ（60社強）	この時期に：HIS、ソフトバンク、CCCなどが設立
1985	分離型ワラント債の発行解禁	
1994	ベンチャーキャピタルからの役員派遣解禁（独禁法ガイドライン緩和）	第3次ベンチャーブーム(1993-1997)
1995	中小企業創造活動促進法の制定	平成バブル崩壊で長期不況期に。政府のベンチャー企業支援政策の整備によりIT系のベンチャー企業ブームが起きる。楽天、ライブドア、サイバーエージェント、ディアンドエムなどが設立。金融危機に直面する
1997	ストックオプション制度の導入のための商法改正 個人投資家の資金を呼び込むエンジェル税制の創設	
1998	中小企業投資事業有限責任組合法の制定 大学等技術移転促進法の制定（TLO支援）	中小企業貸し渋り対策要綱、特別保証制度実施
1999	中小企業基本法の改正 産業活力再生特別措置法の改正 日本政策金融公庫により起業支援制度金融開始 ベンチャー企業向け株式上場制度である東証マザーズの開設	
2000	ナスダックジャパン（大証ヘラクレスを経て、現ジャスダックに統合）の開設	
2001	大学発ベンチャー1000社構想（平沼プラン、2003年度に達成）ストックオプション制度拡充と種類株式の種類拡大のための商法改正	
2002	資本金1円起業を可能にする最低資本金特例措置のための中小企業挑戦支援法の制定	
2005	有限責任事業組合（LLP）の制定	
2006	ベンチャー企業設立に適した新会社法の施行（最低資本金規制の撤廃、合同会社の導入など）	ライブドア事件
2007	新技術を持つベンチャー企業向けの株式市場であるジャスダックNEOの開設	金融商品取引法施行
2008	エンジェル税制の拡充（ベンチャー投資額が所得控除できる）	リーマンショック、緊急保証制度・セーフティネット貸付の実施
2009	プロ投資家向け株式市場である東証AIM開設 イノベーション促進のための投資を行う産業革新機構の設立	キリシタ危機、中小企業金融円滑化法
2010		新規上場のエーアイ粉飾事件
2011以降		東日本大震災、欧州債務危機

出所）経済産業省の資料などを参考に筆者作成。

甘くしていたのかもしれない。」と述べている（堀江貴文（2004）149頁）。

　もちろんマザーズ市場の企業だからと言って脱法行為をして良いというものではないが，まだ一部，二部上場企業ほど経営体制の整備はなされてはいない成長途上の企業であり，様々なリスクが払拭されていない存在として上場審査を行っている。財務基盤の充実よりも成長性を重視して早期の株式公開をさせ，成長のためにリスク負担力のある市場資金調達の利用を促進させようとの主旨である。この市場で取引を行う投資家も，アマチュアの投資家とは言えず，大半の投資家はある程度は価格変動や流動性に問題があるというリスク認識を持ち投資することを前提としていた。

　比喩として適切ではないかも知れないが，農作物をみても播いた種から育った作物を全て育て収穫するわけではない。少し育ったら生育の良くない新芽を間引きして，残した良さそうな新芽を大きく育てるのが原則である。しかし間引きしすぎると収穫は期待できないことになりかねない。ある程度の余裕も持つ必要がある。企業も同じであり小さい企業の段階で，芽を摘むと育つものも育たない。創業まもない企業に対しては成長に応じて適切な対処をし強い体質を持つ企業を育てることが重要なのである。戦後のメインバンクシステムは資金配分の機能としてのみ存在していたわけではなく，こうした企業育成機能を担っていた（メインバンクシステムについては例えば青木昌彦編（1996）を参照）。平成バブル崩壊後こうした金融仲介機関の機能の衰えもあって，新興株式市場，幹事証券会社とベンチャーキャピタルによる早期育成システムが企業育成の役割を担うことになったのである。この事件を振り返るとこうした輸入による企業育成システム自体がわが国で必ずしもうまく機能しなかったことも一因であると考えられる。

　この裁判で我々が得たものは一体何だったのだろうか。日本の企業経営の透明性，公正さなのか。株式市場の信頼性なのか。あるいはベンチャー企業が本来的に持つ危うさ，リスクへの警鐘か。お調子者の若手経営者へのお灸だったのだろうか。

　一方市場が失った価値は何だったのだろうか。ベンチャー企業への批判の

強さ，リスク企業がこの国では生きられないという市場規律の厳しさ，市場ルールは事後遡及して処罰される可能性がある，などを教えたように思われる。

本当に教えるべき問題は，ベンチャー企業というリスクを積極的に取っていく企業が切り拓く分野の大きさとその責任を知ることであるように思われる。ベンチャー企業が成長とともに，守るべき市場の規律や暗黙のルールを序々に社会が教えていく，またベンチャー企業も学んでいく機会を作るべきだったのではないか。

「水清くして魚棲まず」とまでは言わないが，「水清い」国の「魚」育成策は如何なるものなのかをまず考えるべきであろう。そもそもそれは存在するものなのか。「魚」が生まれず，また育たないほどの「清流」では元も子もない。つまり育つ傍から，批評し，厳しくしていては「魚」は生きられない。「卵」を多く産み，「魚」を育成しつつ，「魚」の成長に応じて「水清く」するのでも決して遅くはない[2]。わが国の企業育成に欠けているのは，生まれる企業が少なすぎるという担い手の問題が第一にあるが，第二には上手に育てられる見識と経験のある人材の不足であろう。

農耕社会は「結（近隣の農家同志の助け合い）」や「家族」による集団労働が原則であり，個々人の差が余りつきにくい，あるいは差を確認できない共同作業である[3]。つまり「助け合い」「互恵」の心がきわめて重要になる。このような暮らしでは，同じリズムで同じような働き方をするのが一番効率的である。集団の規律を乱した行動は，全体の収穫に影響を与えるのである。能力の差がつくのは，天候の見方，作物の作り方などの農業知識であり，これは過去の経験値がものをいう「世間」の世界である。従ってその集団であるムラの秩序維持の為に年嵩の者の意見を尊重する，長幼の序が成立するようになった[4]。

しかし今日のネット社会，ネットビジネスはどうであろうか。若年者が劣位にあるわけではなく，むしろ先入観なく新しい技術に順応して取り込む，仕事のスピードなどが重視される世界においては優位性がある，情報処理力

が高い者が勝つ実力社会である。後に述べる「世間」の互恵や長幼の序が通用しない世界といえよう。このような世界では，一部の個人が突出したり，和を乱す行動があっても全体の生産性への波及効果も少なく，制裁として村八分的になるようなことは起きにくい。また起きても社会が広いことから本人への影響はある意味では少ないということになる。

堀江貴文が，上場企業の経営者として，企業経営について識見が不足していたこと，また事業推進の本筋から離れた経営管理面については規範意識も薄く，善悪判断力を他人任せにしてしまう傾向があり，さらには上場企業の最高経営者という公人としての言動にも慎重さが欠けていたことなどが総体としてあったことは否めない。これは堀江貴文が学卒後実務経験を一定期間積んでいないことから，企業社会が要求する基本的な価値志向パターンを十分に内面化出来ていないという面から来ており，多くの学生起業家が抱える弱点の1つであろう。また堀江自身も認めているようにコミュニケーションを十分に行わなかったことからあらぬ誤解を受けやすかったという性格もあったのだろう（堀江貴文（2013）31-32頁，出雲充（2012）92頁）。しかしそれらは決定的なものではない。このケースの悲劇は起業家である堀江の素直で現代的なもの言いや行動を面白がり，引き回す「世間」にあったというべきである。マスコミなどに時代の寵児として扱われるうちに，堀江自身が自己の権力への慢心とアグレッシブな経営戦略，買収戦略を，マスコミを見方にして暴走させていった面は強かった。起業家本人の資質ももちろんあるが，それを増幅させ面白がっていた「世間」が存在していたのである。堀江貴文が，自らの起業から株式上場までの足取りについて詳しく解説した2004年の著書でみる限り，学生起業家が試行錯誤しながら経営に真面目取り組んでいる姿が伝わってくるのみである（堀江貴文（2004））。

ライブドア事件は，堀江貴文と当時の社会が共に作り上げた一時の熱狂（fuss）であり，その後一転して日本的「世間」に断罪された社会現象ともとらえることが出来る。もし強引な推察が許されるなら，これが事件として取り上げられなかったならば堀江自身，事業で成功した後，人間としても成

熟し，その後あるいは政治家，慈善家に転身していったかも知れない。しかし現実に生じたことは一罰百戒で一時代を築いたIT起業家を収監し，結果としてその事業を根絶やしにして，また追随する若者の夢を摘んだという事実のみが残ったのである。日本経済全体で評価するとこの事件の機会費用は大きいと言わざるを得ない。

　明治時代や戦後の混乱期の新興企業にこうした厳格な措置をしたならば，おそらく今日日本を支える企業の多くは存在しなかったかも知れない。多くの企業の中から競争と淘汰を繰り返し一握りの競争力のある企業が生き残っていき，経済の基盤になり，成長を支えていくものである[5]。もし途中で次々と芽を摘んでしまえば，日本の経済の自立は難しく，外資系企業が経済の主要部分を占め，公務員比率が3〜4割という財政に頼るだけの経済になっていた可能性もある。繰り返しになるが，わが国では健全で成長性のある企業を多く生み出していくかが問われている。そのためにはどのようにしたら良いのかを考えるべきであろう。厳格にすればいくらでも取り締まることが出来る企業活動の分野で，何を残し，何を退出させるべきかという判断の権限を司法は持っている。市場の最後の管理者として司法のセンス，見識が問われていると言えよう。

注
1　事件の概要解説については多くのものがある。ここで参考としたものは，大鹿靖明（2006a）（2006b），東京新聞特別取材班（2006）である。また当事者の手になる著書として堀江貴文（2009），宮内亮治（2007），田中慎一（2006）がある。
2　大正時代の船成金の典型と言われた起業家山本唯三郎が「成金」という蔑視的見方について次のように述べている。なんら計画もせず，一夜にして巨利を得るものは冷笑されても仕方がないが「その範囲をこえて，一切の成功者を「成金」の名称下に笑殺し去るに至っては，玉石混交の誹りを免れないとともに，勤勉力行して成功の美果を収めた人は，勤勉力行せるがゆえにかえって社会より冷嘲を受くることとなり，ひいて社会一般に刻苦奮闘する心を遅滞せしめ，雄心壮図を阻止する基となって，国家の進運を妨げるおそれがある。……いたずらに「成金」と冷笑し，角を矯めて牛を殺すがごとき挙に出ずべきでない。」（山本唯三郎『実業之日本』1917年10月15日，鶴見俊輔（1962）『日本の百年6　成金天下』14頁）。
3　宮本常一によると昭和25年頃の農村（対馬）では村の共同作業日は年間150日くらいあったという。これは1年間の作業日数の半分にも上る。自分の農地を耕作するの

はほんのわずかに口数であると述べている（宮本常一（2012）193頁）。
4　浅見隆は代表的農書である『百姓伝記』にみられる「「老農」「古農」「農圃」の用語が使われるのは，……土地を熟知し，豊富な経験を持つ者として，「老」「古」の価値に比重がおかれている。」（浅見隆「老幼の力」ひろたまさき編（1994）97頁）と述べている。
5　土屋喬雄は明治における実業者への評価の変化を指摘している（土屋喬雄（1939）14-15頁）。また坂本多加雄（1996）87頁も同様。

第3章

わが国の起業思想

1. 明治維新の起業ブーム

　わが国の起業ブームについては大きく捉えるといくつかの大きな山があった。明治前期，大正軍需景気，第二次世界大戦後，流通革新ブーム，石油ショック後，平成のバブル期，1995年以降のインターネットバブル期などである。図表9は長期統計による経済の推移と産業の勃興の概略を示したものである。また図表10は日経225種の株価インデックスを構成している現

図表9　日本経済の変革期と産業の勃興

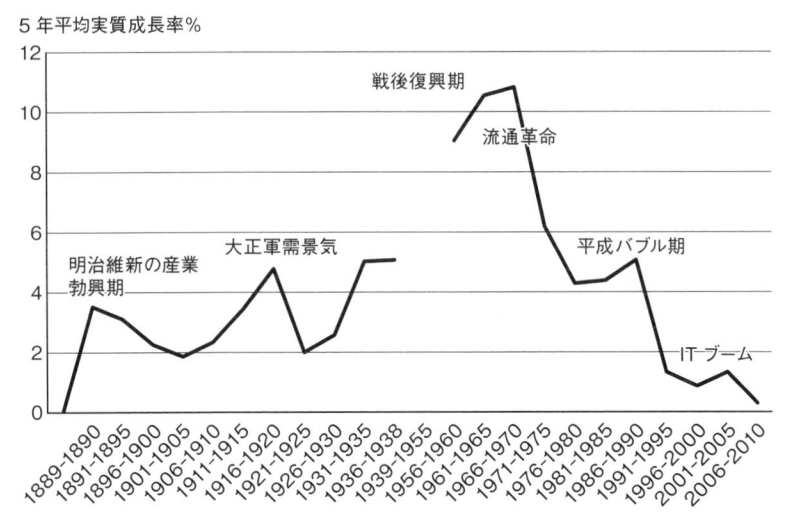

出所）南亮進『日本の経済発展』，内閣府「国民経済計算」を基に筆者作成。

図表 10　日経 225 種採用銘柄企業の創業時期分布

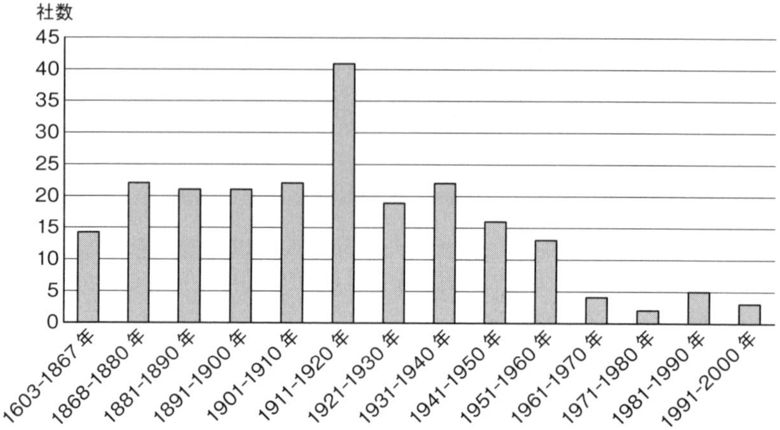

出所）各社 HP より筆者作成。

在日本を代表する大企業の創業年の分布をみたものであるが，その大半は過去のブームの時に勃興してきた今日で言うところのベンチャー企業ということがわかる（残念ながら 1960 年代以降の大企業創出力は低い）。

これらの時期は経済のシステム，従来の産業構造やそれを支える基盤自体が大きく変化し，新しいビジネスの形が社会から要請されることになった。その機会に才覚のある者，起業家がそれに挑戦したのである。言うまでもないがビジネスチャンスの存在とそれに挑戦する人物が輩出して初めて企業が誕生したのである。

何故明治の時代まで遡るのかとの問いに対しては次のように答えておきたい。封建社会から脱し，近代日本人，近代日本社会，近代資本主義の原型はこの時期に形成された。鉄道，海運，鉱山，製鉄，繊維，銀行などの分野に新しい技術が導入され，経済のインフラ整備が官民を挙げて一気に行われた。現代と同じように，産業の革命期とも呼べる時期であった。資本を必要とし，国策上急ぐ事業については，国家事業として取り上げられ，しばらくして民間へ払い下げが行われた。その後「制度」や「機構」は多少変化しているが，人の「考え方」や「心のあり方」はこの明治の時期に確立した近代

明治日本人の原型が現在でも続いていると思うからである。

　明治維新となり封建制から近代国家に急激に舵を切っていく中で，会社制度（1873 年），資本市場（1878 年）も整備され，新しい企業が生まれ産業が次々勃興していった。産業の担い手を当時の明治人はどのように眺めたのか。封建的な身分制の社会から，自由な民主社会に革命的に変化し，農民から労働者になるものも増加を辿るようになり，明治人は新しい生き方をどのように模索したのだろうか。

　啓蒙思想家である福沢諭吉，西周により持ちこまれた古典派経済学の考え方が，平易な形で国民に新聞，雑誌，書籍を通じて浸透するとともに，実際の起業家たちの動静も詳細に報じられるようになり，江戸時代とは異なる近代「実業の思想」が人々の間に急速に行き渡っていったのである。またこれを支持したのがダーウィンやスペンサーの進化論，社会進化論の生存競争の考え方で，早くからわが国でも紹介されその考え方は流布していった。人びとは新しい時代と西洋の考え方に若干当惑しつつ，時代の変化に応じて生きていくためにそれを受け入れ，なんとか適応する努力を強いられ，自ら模索せざるを得なかったと思われる。もちろんそれに適応できない多くの人びとの問題，貧富の格差も大きな社会問題となっている（渋沢敬三編（1979）81-87 頁を参照）。

　現代人が明治人と全く同じであるとは考えていないが，現在も明治維新に近い変革期にある。インターネットなど情報通信革命，経済・金融のグローバル化，正規社員の抑制と非正規社員の拡大など，社会の仕組みが劇的に変わる時代で，人びとの生き方，働き方も適応を強いられている点では変わりがない。また若年層の意識や就職志向などをみると依然として官庁志向，公益事業志向，金融志向は根強く，その点では明治以来大きな変化はみられないと言えるであろう。

　明治政府の殖産興業政策は試行錯誤の連続であった。経済制度の整備は貨幣，銀行制度からスタートしたが，実業に関する政策努力は遣欧米視察団の一員である大久保利通が帰国後内務卿に就任してからである。国による産業

振興の順序も明確ではなく，紡績，製糸，海運，造船，鉱業，牧畜などあらゆることに着手している（中村政則・石井寛治（1988）「明治前期における資本主義体制の構想」427頁）。

　1874（明治7）年の大久保利通の「殖産興業に関する建議」（中村政則ほか（1988）16-19頁）では，民間の産業知識が不足していることや政府の指導力不足もあって産業育成は停滞していると述べ，このため政府が率先してわが国の資源を調査し，どの程度生産できるのか，どのような工業を主としていくのかを研究して，国民の知識や本来持っている性格・適性に合致した産業政策を早急に行うべきとの提言を太政大臣三条実美宛てに行っている。その後官業の払い下げ，民間事業の立ち上げが起きて産業の基盤が形成されていく。

2. 福沢諭吉の拝金思想への批判

　かつて希代の明治啓蒙家である福沢諭吉は大ベストセラーとなった『学問のすゝめ』（1871）初編の冒頭で，人は誰でも平等に生まれてきているが，学問のあるか，なしかにより働きが異なり，その働きに対して「天下の富貴」が与えられると述べている。そこで福沢が指すその学問とはまず第一に「実学」である，これは今日でいう通常のビジネスで使う知識そのものであり，具体的に彼は帳合の仕方（簿記），算盤の稽古（コンピュータ），地理学・歴史（国際経済），経済学，修身学（ビジネスマナー）などを挙げている。このような知識を身に付けたものが，富を得る機会を得ることから，こうした学問をまず学ぶことを国民に推奨したのである。秩禄処分で一斉に失業した士族だけではなく，新しい時代に自分の生き方を掛けようとした多くの若者が，『学問のすゝめ』を読み，自分の進むべき道，特に実業を身につけようと模索したに違いない。

　『学問のすゝめ』と同年に出版された中村正直（敬宇）訳のサミュエル・スマイルズの『西国立志編』（1871）も大ベストセラーとなり『学問のすゝめ』同様に明治の社会に大きな影響を与えた。ここには西洋の数多くの分野

2. 福沢諭吉の拝金思想への批判

の成功者の事例が紹介されている。聖書の「天は自ら助くるものを助く」ではじまるこの書には次のような一節がある。

「土地を耕す人，有用の物貨を生ずる人，機器を創造するもの，書籍を著す人など，あるいは手をもって，あるいは心をもって，勉強労苦するもの，古より今に至るまで積累して，偶然にかくのごとく国家の勢力をして盛大ならしめたり。且つこの勉強する精神は，独り邦国の生命の根源なるのみならず，昔より，しだいにわが国の律法の紕繆を改正し，国政の欠漏を補完することも，またこれに頼れることなり。」（中村正直訳『西国立志編』（1871）102-103 頁）。

自立した個人が各自自分の分野で学び，努力すれば豊かになり，その結果国家も隆盛するという考え方から，広く国民に生きる指針を与えるものとして書かれている。著名人から庶民まで各階層の事例を紹介し，志を持ち日々努力をすれば必ず成功する，また他人への思いやりを忘れないことなど，個人の成功と修身の両立を平易に教えている。

この本の影響だけではないが広く富を得ることが成功と同義という考えは，明治の社会に広がり，明治 30 年代になると，実業で成功した富豪たちの成功談やエピソードが多くの創刊したての経済雑誌に盛んに取り上げられるようなる。紳士録や略伝集が続々と公刊されているということは，国民の関心事として高かったのであろう。今日の言葉で言えば，成功者のロールモデル（役割モデル，お手本）の研究ということになろうか。

例えば，横山源之助は明治 30 年代後半から 40 年代にかけて「富豪」に関する著作を精力的に発表している。これらが執筆された背景には近代明治社会の建設の過程で事業を興し金銭的に巨万の富を収めた起業家層という一群の成功者に対する社会の高い関心，好奇心があった。

一方では，キリスト教思想家の内村鑑三は，一時黒岩涙香の創刊した「万朝報」の記者となった際に執筆した社説「胆汁数滴」の中で，福沢諭吉を拝

金宗（拝金主義，拝金崇拝）の教祖だと論難したのは有名である。この新聞は政府要人のゴシップ追求で部数を伸ばしたタブロイド新聞であったが，内村のこの記事では薩長政府の横暴への批判が主体で，その薩長の手下で肥後人を貶めたあと，最後に返す刀で同じ九州人である福沢諭吉を槍玉に挙げている。

「……金銭是れ実権なりというは彼（福沢諭吉，筆者注）の福音なり，彼に依って拝金宗は恥ずかしからざる宗教となれり，彼に依って徳義は利益の方便としてのみ貴重なるに至れり，彼は財産を作れり，彼の弟子も財産を作れり……利欲を学理的に伝播せし者は福沢翁なり，日本人は福沢翁の学理的批准を得て良心の譴責なしに利欲に沈淪するに至れり……」（1897（明治30）年4月27日『万朝報』）。

同新聞の性格もあって過激な言葉が続くが，内村は福沢が流布した拝金的な考え方は，日本人に精神的大革命を起こしておりもはや排除できなくなっているとまで述べている。しかし一方で，米国に長く留学したことがある内村は，拝金主義には辟易しつつも，富の存在自体を否定した訳ではない。また金持ち全てが快楽主義で徳がないというのも俗人の空言としてきっぱり否定しているほどである。

「……富は正義の為に用ふべき武器であって肉慾の為に使うべき筈のものではありません，これによりて心の独立を得，心の改革を得ますれば富は即ち富でありますが，富の為に徳を奪い去られては富は却て我を貧にする障魔と判定する外はありません，富と徳とは一致せぬとの論は確に確に大間違いであります，……」「富と徳」（1903（明治36）年6月29日『朝報社有志講演集　第壱輯』）。

内村は後年，徳のために富を使った者として，米国の大富豪でかつ慈善家

となったジョン・ピーボティーやスティーブン・ジラードなどを高く評価している。「金の価値」(1927 (昭和2) 年12月10日『聖書之研究』329号)。彼らは今日の事業の成功者で巨額の富を築いたが，引退後その富を利用して慈善事業家として活動するというアメリカの企業人の社会的役割りモデルを作ったというべき人物である。内村が聖書研究でこうした富に関するテーマを取り上げたのは，近代日本社会でキリスト教信仰の普及とその経済基盤や生活の基礎をどう確立していくかというモデルの確立に心を砕いていたからだと思われる。

話は前後するが慶応義塾に学び，その後鐘ヶ淵紡績の社長や衆議院議員を務めた武藤山治（1867-1934）は自伝で恩師福沢諭吉の想いについて次のように述べている。

「福沢先生は明治の半ばより，塾生が一身生活安定なくして余りに政治の方面に狂奔するのをみて，之を矯正せんとして盛んに塾生に向かって金儲の必要を説かれました。当時世間に於いて三田を拝金宗の本山とまで唱へるに至れるほど先生は此点を強調されました。それがため塾生は塾を出ると盛んに民間実業界各種の方面に身を投ずるに至りました。」（武藤山治（1988）23頁）。

福沢諭吉は啓蒙家，教育者として，表現は過激だが，時代の行く先の本質を的確に言い当て，処世の道を教えたのである。また多くの明治人もその言説を良く聞いていたのである。その効果が社会に広く浸透するところとなり，前述の内村鑑三らの苦言が呈されたのであろう。

慶応義塾出身で福沢の愛弟子で，『時事新報』の社説記者であった高橋義雄[1]（1861-1937，後に王子製紙社長，茶人）が『拝金宗　一名商売のススメ』(1887) というタイトルの本を出している。この言葉自体は高橋が英語のAlmighty Dollarという言葉から発案し訳語としたものである。因みに序文は三井財閥（三井銀行理事）の中上川彦次郎（1854-1901，福沢諭吉の甥）

となっている．この本はタイトルの仰々しさとは異なり，内容は企業活動と投機（今日の投資，あるいは先物も含んだ市場取引）の違いなどについて経済の論理を踏まえた分かりやすい説明を与えるもので，また米英の富豪の略伝なども紹介している．師である福沢諭吉の考え方を平易に解説したガイドブックであったと思われる．

「（筆者注，新興の富豪が成功しているのをみて）世間の人の口善悪なき一も二もなく之を誹り彼を暴富になりとて其之を嫉むを代々の富家者を妬むの比に非ず斯くて影になり日向になり何がなして其落度を探り欠点を求めて其悪評判を鳴らし躁げば世上の人は忽之に雷同して其實は縁も由緒もなき道路の人まで他の悪評判を聞て愉快の思を為すが如し即ち金の集まる所は世間の怨の問屋と為り……」(3-4頁)．

更に，世間から妻子までもいろいろ言われるので，悪評判を怖れ世の中から金満家と噂されるのを却って恥辱と思うようになったと言うのである．
　昔より職業の世襲が多いが，今（明治）の時代は変化が速いのでどのような事業も軽重なく面白い．「殖産商売」，特に外国貿易の振興などは国家の興亡にかかわるものだと述べている．また，他国の成功事例もあるので，先見性と決断で事業に取り組むことを薦めている．
　更に市場取引が経済に於いて果たす役割りを具体的に説明し，時に適度の権謀術策も当然としている．さらに，商業家の心得として，「広告」，今日でいうマーケティングの利用と「實直」つまり信用について触れて，一時の利益を貪り永遠の信用を失墜する愚を説いている．最後に，蓄財より大切な金の使い方を紹介している．外国の富豪が公益のために使うなども紹介しつつ，金を働かせるために使うことこそ価値があると述べている．
　新聞の論調においても，世の中の拝金宗（拝金主義）の蔓延について，これを否定はしないものの，「金を得んがために如何なる事も忍んで為すべし」「擠倒してなりとも我は進むを得れば可なりがごとき気風」に懸念を示して

いる。これは実業だけでなく，待遇が良かった官吏への就職人気についても同様の動きであったようで，「廉恥」「節操」がないと戒めている（朝日新聞 1893 年 5 月 10 日）。

このように明治の新聞記事で修身が殊更言われるようになったのは，士族は昔，礼儀廉恥を重んじていたが，1876 年の政府による秩禄処分と士族授産政策により，数十万人の士族が一斉に商工業や農業に従事するようになり，生活のためには金銭を得られればなんでもするような風潮になっていることへの嘆きがあったようである。

経済史家の吉川秀造によれば，明治政府の士族授産政策は，大きく分けて移住開墾の奨励，国立銀行設立の奨励，授産資金の貸付であったが，特に授産支援については概して良い成果を上げられず，むしろインフレーションなどの事業環境の悪化と士族の経営手腕不足（経営に不慣れ，持続力の無さ）により事業が失敗し返って士族の窮乏化を促進したという（吉川秀造（1935））。

政府が特に力を入れたのは，産業振興資金の貸付であった。明治 12 年度から 22 年度まで行われた貸付総額は 525 万円に上り，それは個人ではなく結社あるいは団体に貸付けられ，その大半は無抵当，無利子であったという。事業内容をみると件数として多いものは養蚕，製糸，機織，製茶，牧畜，紡績，製糖業などであった。そのほとんどの事業は成功せず，再三の返済のリスケジュールののち政府は貸付金を償却せざるを得なかった。吉川の推定によると貸付金回収は多くても 37 万円にすぎなかったという。しかし一面では，士族の気力・教養もあったのか商人よりも製造業で新しい事業，新産業に取り組むものが多かったという傾向を指摘している。

また，その後大正の時代になると世論は拝金宗（拝金主義，拝金崇拝）がただ目的化することを非難しつつ，実業にも人倫道徳の必要性が論じられるようになる。会社の所有（純資本家）と経営（企業家）の分離を論じて，後者の経営者の「人格」，「信用」が必要で，それがあれば他人の資本を活用して事業が為し得ると論じるマスコミの見方も出てきている（朝日新聞 1914 年 2 月 23 日）。

ここでは起業家自身や起業家について論評を加えた思想家の言説を取り上げみていきたい。起業家がどのように考え行動し，社会はそれをどのように理解したのかについての手かがりを得るためである。社会学者の永谷健（2007）によると明治の成功した実業家に対して，多くのメディアは「奸商」などと批判的な見方をしていた。

「新聞や雑誌はしばしば彼ら（実業界の成功者，筆者注）を金銭的にダーティな存在として語り，また彼らの成功を「僥倖」として批判的に捉えた。彼らがいかに門閥や「正統文化」を介して威信を引き寄せようとも，成功のいきさつや手段は，道徳的に適切なものとして容易に正当化されるものではなかったのである。彼らは明治国家の成功者であったが，その成功が金銭的なものであるという理由で，不当なプロセスにより地位向上を図ったものとして評価されることが多かった。」（永谷健（2007）190頁）。

しかし前述のように相次いで創刊された経済雑誌や紳士録による実業の詳細な紹介や賛美，実業家による社会貢献活動などを通じて実業家の社会的認知，社会的地位の向上が急速に図られるようになっていく。永谷は経済雑誌の果した役割を評価している。次に示す実業家もそうした地道な社会活動，自伝や評伝の公刊などによる啓蒙活動により社会的な批判をかわして，地位を徐々に確立していった。最後には国家から功績のある政治家，軍人や旧公卿・諸侯と同様に授爵されるまでになる。つまり今日の言葉でいうと「ロールモデル」（役割りモデル，模範例）として完成され，国家・世間から認知され，次世代の人びとが目指す対象にまで社会的地位が昇格していったのである。世論は彼らに対して批判より評価に大きく傾斜せざるを得なくなる。

3. 明治の起業家

明治時代の企業活動について整理され鳥瞰を与えている，以下は宮本又郎『企業家たちの挑戦』に依拠してみていく。

図表11 明治の富豪 ランキング

地名	名前	明治21年資産総額 万円	明治35年資産総額 万円
東京	岩崎弥之介	150	8,000
兵庫	川崎正蔵	20	2,000
大阪	芝川又右衛門	60	2,000
兵庫	辰馬半右衛門	25	2,000
神奈川	原善三郎		2,000
大阪	山口吉郎兵衛	60	1,500
大阪	逸身佐兵衛	60	1,500
大阪	広瀬幸平	40	1,000
大阪	藤田伝三郎	60	1,000
京都	藤原忠兵衛	25	1,000
大阪	金沢仁兵衛	25	1,000
大阪	生島嘉蔵	50	800
大阪	木原忠兵衛	30	800
大阪	松本重太郎	20	800
東京	安田善次郎	60	800
東京	渋沢栄一	20	600
大阪	伊藤九兵衛	20	300
東京	菊池長四郎	25	300
大阪	木村作五郎	20	300
大阪	政岡徳兵衛	20	200
大阪	豊田卯右衛門	40	200
東京	青地四郎左衛門	30	100
大阪	岡橋治助	30	100
東京	高津伊兵衛	20	100
滋賀	塚本定右衛門	20	100
東京	長井利兵衛	20	100
徳島	西野嘉右衛門	50	100
東京	前川太郎兵衛	20	100
千葉	茂木七郎右衛門	20	100
東京	守田治兵衛	25	100
東京	浜口吉右衛門	20	100
岡山	大原孝四郎	60	90
大阪	瀬尾喜兵衛	25	80
奈良	土倉庄三郎	50	80
岐阜	源辺甚吉	30	80

注）地名・人名は明治35年のものによる。
出所）宮本又郎（1999）68頁「明治21年と35年に連続して長者番付に掲載された商家」より。原善三郎の明治21年は同書も空欄表示。

宮本によると産業の担い手は，武士，農民，商人層からそれぞれ出てきている。そのうち江戸時代からの豪商の一部は財閥として残ったものの，新興企業に次第に入れ替わり，衰退していった（宮本又郎（1999）317頁）。

明治の企業家を分類すると指導者型企業家，政商型企業家，地方名望家など分けられるという。指導者型は渋沢栄一などの例だが個人富裕層（華族，士族，豪商，豪農）の投資家の資金を集めて，指導的な役割りを果たす企業家が新規の事業を起こすもの，政商型は岩崎弥太郎，五代友厚など明治政府，あるいは元々旧藩政府との太いパイプによる払い下げにより事業を継承する企業家群，最後は地方名望家が自分自身やあるいは支援により地域で紡績や金融業などを手掛けたものという分類をしている。以下では，指導者型の渋沢栄一と政商型の大倉喜八郎の実業の歩みをみていくことにしたい。

(1) 渋沢栄一

　渋沢栄一（1840-1931）は武蔵国（現在の埼玉県）の富農の家に生まれた。実家は，元来農家ではあったが，父の代になり近隣の農家より藍染を買付け転売したり，金を貸したりする問屋のような役割りがむしろ主体になっている商業資本家であった。渋沢は若いころより，父親の商売を見よう見まねで手伝い次第に体得していたようだ（ここは渋沢栄一（1984）『雨夜譚』，土屋喬雄（1989）などを参考にした）。

　渋沢は長男にも関わらず家に納まらず若いころより尊王攘夷論にかぶれ，憂国の士と称して村から出て江戸や京都で諸国の志士と交流するなど各地を逍遥していた。その後紆余曲折があって一橋慶喜の家臣となり，維新前には，慶喜の弟昭武の随員として渡仏することになる。明治維新後も事務処理能力を買われ慶喜につき従い静岡藩に移り藩の事業（静岡商法会所，商社と金融業を合わせた官民共同事業）を起こし活躍した。次いで新政府から出仕要請もあり大蔵省の官僚に転じ，井上馨の下で経済官僚として租税や貨幣制度改革に手腕を発揮し栄進する。その後政府内で渋沢の上司であった大蔵大輔井上馨と司法卿江藤新平との争いにより井上が大蔵省を辞することになった。この時渋沢もかねてより実業界に転身するという希望を叶えるため退官して第一国立銀行の設立に奔走しこれを成功させる。また多くの事業の振興にも貢献する新興実業家として大成し「日本資本主義の父」とまで呼ばれる

ことになる。彼の特徴はすぐれた企画力と手堅い実行力，安定感であり，また明治の元勲や多くの財界人から信頼を置かれる誠実な人柄であった。

　渋沢の言説から彼の経済思想，実業の思想をみていきたい。彼自身農家の長男であり，少年のころより農業を手伝っていた。日本の村の論理についても身を持って良く熟知していた起業家だと思われるからである。彼の考え方としては晩年の『青淵百話』（1912）が参考となるが，この書からは論語の教えを事業にも反映しようとする温和で誠実な道徳家の顔ばかりで，実業家の凄みはほとんど垣間見ることはできない。功なり名遂げた大実業家が老境に入り自分の成功した人生を振り返り，感慨を持って実業家を論じている点は割り引かなくてはならない。

　以下は，『青淵百話』からの抜粋書である渋沢栄一（2011）『渋沢百訓―論語・人生・経営―』よりの引用である。

　「近ごろ世間に「成功」という言葉が大いに持て囃され，金持ちになるのが処世の最大目的であるように説く人もある。すなわち手段はなんでも良い，金を溜めて成功しなくてはいかぬ。……その手段が合理的であったか，その経路が正当であったか，そんなことなぞには一切お構いなしという風である。……道理に合っておるという立脚地から，国家社会に利益のある仕事をして得た1千万円の利益を得たというなら，これ実に俯仰天地に愧じざる行いで，余はかくのごときものを真の成功とは名づくるのである」（渋沢栄一同書「成功の真意義」59-60頁）。

　「自分は常に事業経営に任じては，その仕事が国家に必用であって，また道理に合するようにしてゆきたいと心掛けてきた。……一箇人に利益のある仕事よりも，多数社会を益してゆくものでなければならぬと思い，多数社会に利益を与えるには，その事業が堅固に繁昌してゆかなくてはならぬということを，常に心としておった」（渋沢栄一同書「事業経営の理想」138-139頁）。

前述のように渋沢の事業活動は，1873年に井上馨とともに大蔵省を退官してのちにスタートし第一国立銀行から始まって金融事業を中核としており，その他産業全般，当日の社会の基盤になるような極めて多方面の新規事業に参画するものであった[2]。

　彼自身は数字に明るく有能な経済官僚，銀行家がその持ち味であり，自らが発想し個別具体の事業を起こし，率先して拡大していくような根っからの起業家ではなかったと言える。彼が進めたのは，多くの出資者から資金を集めて株式会社方式により行う共同事業（ジョイントベンチャー）の推進であった。彼は明治政府との太いパイプがあり，誰もが認める清廉潔白で信義に厚く温和な人柄から多くの経済人から信用があり，また渋沢個人で動かせる資金を持っていた。そのため各方面から乞われて各種会社の発起人，取締役としての「名義貸し」や「奉加帳方式」の呼び水であるコアとなる「出資者」になったものが実際のところ多かったものと思われる。

　現在でいうと彼個人は成功した事業家・銀行家であり，且つ個人としてはエンジェルあるいはベンチャーキャピタル的な機能を持っていた。また社会公益に奉仕するとの考えを強く持ち，新しい経済システムづくり，道徳と経済の一体化などの思想の普及に努める真面目な人物であった。政府から公認とも見なされる名士の顔を持ち，また明治国家の基盤となる産業づくりを政府の産業政策と平仄を合わせて推進していくという個人的信念を持っていた。また時に，利害が対立する株主間の調整や経営者と株主間の調整を行っている。こうした役割は自ら進んで行ったものではあるまいが，押し上げられて結果として大実業家の地位となり，自らも意識して実業界の地位向上のために尽力したのである。

　そして成功してからは，商業倫理の確立（道徳経済合一主義）や各種経済団体という実業界として集団を形成し，その中で企業行動の規範づくり，業界ルールづくりに意を尽し，企業の社会的責任の確立に努めている。また社会企業家としての活動も熱心にしており，実業教育を行う学校や女学校の設立などにも参画している[3]。

渋沢の実業の原点は渡欧から帰国して，静岡藩で実践した官民合同の商社兼金融会社である。この成功体験が，後の大蔵省の仕事（租税政策，貨幣制度，銀行制度，殖産興業政策など），第一銀行の設立に結びついていく。

渋沢は1892（明治25）年に住友財閥の広瀬宰平，古河財閥の古河市兵衛らとともに，民間人として初めて叙勲した（勲四等瑞宝章，最終的には1928（昭和3）年勲一等旭日桐花大綬章）。その後1900（明治33）年男爵，1920（大正9）年官吏の経歴があるとはいえ実業人として初めて子爵の爵位を授けられ，自らが実業人の地位向上の嚆矢となった。

(2) 大倉喜八郎

次に渋沢栄一，安田善次郎とも近い関係にあった事業家大倉喜八郎（1837-1928）についてみてみたい。以下は砂川幸雄（1996），大倉雄二（1995）の自伝を参照した。

彼は越後国（現新潟県）の代々の質屋商の三男に生まれたが父の代で家運が傾き，友人を頼って江戸に出て鰹節店の奉公人となり苦労するが，持ち前の機転と努力により信頼を得て，2年後に独立し乾物行商を経て20歳で自分の店を開く。その後商売として騒乱の社会で必要とされるのは西洋式銃の需要だとして，銃砲店に商いを転換し戊辰戦争で各藩相手に幅広く商売を拡大し富を築いた。彼の持ち味は他の商人を出し抜く先読み力と迅速で大胆な行動であった。明治維新後は外国との貿易拡大を見込んで貿易商会（大倉組商会），また新政府による土木建設事業，港湾事業を請負うために建設業（大倉土木組，現在の大成建設）にも進出する。大倉は新政府の軍事需要，公共工事，払い下げ事業，対中国投資政策などを次々と捉えて自らの事業を拡大していったため当時政商，御用商人と呼ばれた。こうした新政府の要人との関係を築くため岩倉使節団の渡航に私費で付いて回るということまでしている。明治政府の様々な事業の兵站機能を常に担うというのが，彼の基本的な経営戦略であった。こうした行動は他の財閥も大なり小なり似たものであったが，彼の場合リスクの取り方が大胆であり，その中には本来政府がと

るべきものを肩代わりして行うこともみられた。そうした意思決定を可能にしたのは大倉の独裁的なリーダーシップ型経営であった。彼の事業動機としては，もちろん経済動機が第一であったと思われるが，後年成功してからは実業を通じて公益，近代日本の発展に貢献したいという意識が強くなっていったと思われる。事実伊藤博文からも公益のことを考えるように言われたとも書き残している。また多方面から依頼されて数多くの共同事業にも名前を貸しまた出資もしている。こうした長年の功績から政府の信頼を得て，発言権も確保していた。しかし決して政府の言いなりではなく，自分の信じる信念に基づき投資をしている点は評価すべきであろう。

　明治のジャーナリスト横山源之助は大倉について次のように述べている。

　「御用商人として富豪の列に入つた者には，大倉喜八郎あり。高田慎蔵あり。大倉は西南戦役当時より頭角を擡げ，高田は海軍の御用を受け，日清及び日露戦役を経て，巨富となったのである。大倉及び高田の如きは顕著な実例であるが，官省の御用を以て富を獲た者は随分有る。」（横山源之助（2004）325頁）。

　もっとも新政府が彼の構想した事業のいくつかを横取りして直接国営事業としたこともあったようだ。しかし大倉財閥自体は大正期に拡大した対中国投資事業の損失などにより脆弱化していくこととなる。

　彼は建設，鉱業，ホテル，紙パルプ，皮革，食品，繊維，鉄鋼などの企業を設立し（一部は政府払い下げ），独得な財閥グループを形成した。他の財閥と異なり金融事業については当初よりあまり関心を持たなかったこと，大倉の色彩が強い個人商店経営から脱皮できなかったことがその後の財閥の発展，近代化の弱点となった（なお大倉は事業の資金調達をもっぱら親しい安田財閥に依存していた）。

　成功して後は社会貢献として渋沢栄一たち明治の成功した財界人である「紳商」らとともに慈善事業，教育事業などに寄付を積極的に行った。彼の

考えは単なる救済型の慈善ではなく「真の慈善は教育にあり」ということで，本人が自活できるように教育することが最も大切な慈善事業であるとして自ら実業人育成のための私立で最初の大倉商業学校（現在の東京経済大学）も設立し，その後同様の学校を大阪，朝鮮にも設立している。「子孫は自ら子孫の計あり，子孫の為に牛馬とならず」彼は当時の多くの日本人の考えとは異なり資産を子孫に残さずという考え方であった。

実業を通じた国家への貢献により1915（大正4）年に男爵の爵位を授けられ，また1928（昭和3）年民間実業人としては渋沢栄一以来の勲一等旭日大綬章も叙勲する。

自著『致富の鍵』において70歳を超えた大倉は，自らの事業経験に基づき成功の鍵を上げている。そのうちいくつかを紹介する。

一つは，ビジネスチャンスを逸するな

「激烈なる商業戦場裡にて勝利者たらんには，是非とも商機というものを捉えることが必要である。」それを見通す力と，精力を傾けて推進していく力であり，それも世界的に見通すことが求められるようになっているので，数理的頭脳を以てかかるべきだという。

二つは怠惰なく働き，信用を作れ

「一の仕事についての一の信用は長年その事業に従事して，その事業の瑣末なる部分に至るまでも一々成功し，その成功が積み積まれて，しかして初めて信用が生ずるものである。」最初から実力もないのに資本主に依存しようとしてはいけない。信用を造ることが必要である。また資本は怠惰なく働き，その収入の中から節約して自分で作り出す工夫をしなくてはならない。

三つは事業家の資質

「事業家として最も必要なる資格といえば，数字的の頭脳と帳簿検閲の活眼のあることであろうかと思うのである。」経営を監督するのに，計数感覚と経理の是非が読めることが必要であるという。

四つは国家の恩に感謝せよ

「富というものはいかにも各人の力量や才能努力の多少によるが，単に個人の力のみではいかんともすることが出来ないと思うのである。即ち，時勢の恩，社会の恩，国家の恩というものが，必ず個人の力の背後に伴っているのである。……人の実力というものに限りがあることを忘れてはならぬのである。」

前述の横山源之助は大倉喜八郎について，毀誉褒貶はありながらも，その起業家精神に敬意を払い評価を下している。

「大倉及び安田（善次郎，筆者注）二氏は，身辺に種々の取沙汰があるにもせよ，我国第一流の大実業家であるのは，何人も非認する者はあるまい。特に大倉氏の如きは，年少婿養子の安楽を希はず，故郷を飛び出せる以来は，満身の勇気を以て，事に当り，或は軍器の取扱に，或は海外貿易に，或は土木受負に，或は礦山の採掘に，八方に精力を分ちて，七十五才の今日尚且衰ふる色がないのは，実業界の偉器である。世人は大倉氏といへば，直に土木受負―御用商人としての大倉氏を連想す。御用商人は大倉氏の一面である。……併しながら世人が躊躇逡巡している間に，事業に機先を制した大倉氏は，明治産業史の大立者ではあるまいか」（横山源之助（2005）394-395頁）。

経済史家の堀江保蔵によれば，明治初期の起業環境は安定していて，政府も民間も近代国家建設のために西洋流の近代企業を起こし，社会に広く貢献していくという気概があった。また身分制が廃止され社会移動が盛んになり，また経済活動は原則民営化方針がとられたことから，知恵のあるもの，才覚のあるものが実業家となり頭角を現す土壌が出来たと指摘している。

「身分を基準にした旧時の価値体系は，漸次，経済力を基準とする価値体

系へと変化した。やがて，「町人」に代わって「実業家」なる観念が生まれ，実業家が尊敬される環境が形成されていった。」（堀江保蔵（1963）225頁）。

　実際の起業家像について，ここでは経営史家の宮本又郎の文献を参考にみていきたい。明治期の起業家像については研究の蓄積が厚く，すでに出自（身分），出身地，職歴（商家勤務），学歴など多用な研究がなされており，統計的な検討もされている。出自に限ってみても士族層，商家層，中流・中間層など様々な学説が主張されているが，選択したサンプルのバイアスから抜け出せず，決定的な結論を出すべきでない。江戸時代の商家からの連続性がある企業も，国策会社の払い下げを受けた企業も，全くゼロからスタートアップした企業も，明治初期には複数の投資家の資金を様々な信用形態で糾合して，リスクを負担して事業を立ち上げ，発展させていったのである。その目的は事業の拡大であり，法人，経営者の利益追求以外のなにものでもない。そのことについて，社会的批判があったとしても，事業意欲を喪失させるような制裁が加わることはなかった。むしろ政府の殖産興業に資する事業，今日でいう納税と雇用を創出する新興企業の勃興は称賛に値するものと位置づけられていった（宮本又郎（2010）第9章）。

4. 起業に対する明治社会の見方——知識人，言論人の見方

(1) 福沢諭吉

　前述のように福沢諭吉（1834-1901）は，明治時代の最も著名と言ってよい啓蒙思想家，教育家であったが，本質はそのような平板な定義では片手間なほど時代を超越していた。時には明治の新しい社会づくりのシナリオライターであったり，慶応義塾の出身者と実業に関与したり，政治の世界に深く入り込んだり，朝鮮へのかかわりなど多面的な活動をしている。その中でも明治人の起業思想や彼らに実業者の重要性を説いた最も影響力ある人物として評価して良いと思われる。

　明治維新の世の中となり福沢の発想の転換は早かった。明治維新後いち早

く刀を捨てあっさりと平民になった。また何度も明治政府から役人として声がかかったが断り終始一貫して在野にあり官と一線を画し高度な民間経済人の育成に力を入れた。自ら事業へ直接関与することは少なかったものの民間の事業，つまり起業に対しては高い関心を持ち，いろいろな事業に投資して今の言葉で言うとエンジェル的投資家としての役割も果たしていた。これは当時の成功した富豪と同様であった。1881（明治14）年の政変により進歩的な考え方を持つ参議・大蔵卿大隈重信が政府から追われ，同時に大隈のブレーンであった福沢や慶応義塾出身の官僚が政府機関から追放されるように下野した（外務省の中上川彦次郎，大蔵省・統計院の矢野文雄，尾崎行雄，犬養毅など）。このことにより福沢の民間事業への関心が一層促進されるのである。

彼は米国から持ち帰ったアメリカの経済書（フランシス・ウェーランド。ブラウン大学学長で道徳哲学教授の *Elements of Political Economy*, 1866 など）をよく読み，自家薬籠中の物とし，経済の合理性が社会の基本になければならない，門閥ではなく，競争（コンペティションに「競争」という訳語を当てたのも福沢である）が社会を改革していくことを繰り返し唱えている。テキストから何を読み取り，その時代にどのように伝え，また活かすかが重要であり，福沢の理解力，啓蒙家としてのセンスには敬服するしかない。普通であれば当時の武士階級は既存の序列を墨守するのが大事であり，競争の意味など容易に理解できなかったものと思われる。しかし江戸時代の門閥制度の中で身分の低い武家の次男であった（兄の死後跡取りになったが結局強引に家を捨てて江戸に出てしまう）福沢がこれを理解できたのは，子供時代の大坂での生活（父は中津藩の大坂勤番）や，後に大坂の適塾で蘭学を勉強していたという環境のせいもあるのかもしれない。

彼の経済についての考え方は，門閥と関係ない自由な競争により，新たに富が生まれ，それにより経済が豊かになる。富を生み出した人が役人より数段偉いという開明的なものであった。前述のように同時代人より「拝金宗」「学商」と蔑視されたが，何故福沢1人がこのように明解に，時代の制約を

超えて経済合理性の世界を理解できたのだろうか。『福翁自伝』を読むと若いころから突出した理解力，柔軟な考えを持っていたことがわかる。

彼の直接関与した事業として著名なものは，慶応義塾以外では時事新報社，丸屋商会（現在の丸善）と横浜正金銀行（旧東京銀行，現在の三菱東京UFJ銀行）などがある。この事業を若干みていくことにする（以下は主に福沢諭吉（1978）『福翁自伝』，玉置紀夫（2002）などを参照した）。

出版事業（出版局）

江戸時代から書林（出版社）は横暴であり，著者の地位は低かった。もちろん著作権も確立していなかった。福沢はよほど腹に据えかねたのか，自分で出版事業を起こし，書林組合に加入する（屋号「福沢屋諭吉」1869（明治2）年，ちなみに『西洋事情』は1866（慶応2）年と1868（明治元年）刊行）。しかし職人は，素人である武士の商売に疑心暗鬼で，福沢についてこない。そこで一計を案じて，通常の出版社の在庫の約5倍にあたる千両で大量の紙を仕入れる（これを「一大投機」と『福翁自伝』で言っている）ことによりやる気を示し，職人たちの信任を得て事業を軌道に乗せることに成功する。これは今日の経営学でいう「コミットメントに基づく戦略」そのものである。この事業は慶応義塾出版社から，時事新報社に発展して新聞事業も併設した。『時事新報』発刊の発端は，政府の参議である大隈重信，伊藤博文，井上馨からの政府機関紙発行の要請からであったが，その後明治14年の政変により反古となったため，自前の事業で出すことにしたものである。結果としてこれは福沢に発言の場を与えたばかりでなく経済的にも多大な貢献をした。後者については『時事新報』への初期投資額は当初2万円弱だったが，設立初年度から所得還元があり，3年目以降毎年投資額とほぼ同じ約1.5〜1.7万円超が福沢に支払われている[4]。

学校経営（慶応義塾）

慶応義塾の運営については福沢が中津藩からつれてきた小幡篤次郎，小泉

信吉らに塾内の学事指導をまかせ，教師業から監督に徹するようになり，彼が講義したのはウェーランドの修身論講義のみだった。福沢の果たした役割は，途中から教育者そのものではなく，実業界で活躍できる人材を育成，輩出するレベルの高い私立学校システムの確立に移ったものと思われる。

中津藩の築地鉄砲洲（現在中央区明石町）の中屋敷の長屋を借りて蘭学塾（1863（文久 3）年）からスタート，すぐ英語を教えるようになり，鉄砲洲が外国人居留地になるので移転をせまられ，1867（慶応 3）年に有馬藩の中屋敷を買い取り芝新銭座（現在の浜松町）へ移り当時の元号で仮に慶応義塾と命名しそのまま今日に至る。生徒数は当時最大で 100 名にのぼった。新銭座は低湿地であり環境が悪く，福沢は腸チフスにかかりかろうじて死を免れるほどであった。健康によくないことから，1871（明治 4）年に現在の三田（島原藩中屋敷「高燥平面で空気清く眺望佳し」の土地）を福沢の自己資金で購入し移り，その後生徒は 371 名の規模にまで拡大する。

しかし，1877（明治 10）年の西南戦争の年には 100 名にまで減少した。これは 1871（明治 4）年の廃藩置県により士族の官費派遣の学生が減る一方で，平民の入塾がまだ増えなかったことによるのと，徴兵令改正（1876（明治 9）年）で徴兵制が免除されたのは官立学校と学習院と独逸学校だけで，私立は免除されなかったこと（後に解除される），西南戦争のあとのインフレで士族が困窮したこともあって一時的に生徒は激減した。塾の経費は年間 1.2 万円程度で赤字は恒常的となり福沢からの借入金で凌ぐ有様となった[5]。

この危機に際して，福沢の考えた工夫（1878，1879（明治 11，12）年ころ）とは以下のようなものであった。

①政府から資金調達をする（無利息 25 万円，あるいは低利 40 万円で 10 年の借入をしての運用利鞘（国債で運用 7 分。年 1.75 万円）で不足資金を補填する。国債は担保）。

②第三者に学校を廃却してリースバックする。

③売却して安い場所に移転するなどの策を考えていた。

①については政府側は大蔵卿大隈重信（佐賀藩）の反応がよかったが，井

上馨，伊藤博文（長州閥）は反対したもようで結局失敗した（富田正文(1992) 474-475 頁）。

　丁度このあと，前述の明治 14 年の政変が起こり，伊藤博文，井上馨という長州閥と佐賀出身の大隈重信の権力対立に福沢も巻き込まれることになる。この事件で伊藤，井上（五代友厚や三井がバック）からは，大隈の裏で糸を引いているのは福沢とその門下生，交詢社グループであり，さらにその後ろには新興の三菱財閥である岩崎弥太郎もいると疑われることになる。この期に当時政府の要職にあった慶応義塾出身者も一掃されて，このあとは明治政府の上級官吏は東大など官立大学出身者で固められていくという時代の大きな結節点となった。また日本の政治体制としては伊藤や井上はプロイセン型の国家体制，法制度の整備へと傾いていくので，福沢らの唱える英米型の議会制民主主義は当面後退してしまう。

　福沢は義塾の経営危機に困って，徳川家・島津家にも資金借り入れを打診に行くが失敗する（4 万，5 万の金のために他人に膝を屈して頼むのはいやだという手紙がある）。金策に行き詰まり，福沢は教師の解雇も考えるが，内部から意見が出て教員給与を大幅に削減し存続を図ることとした。また義塾関係者から募金活動が起こり，ようやく存続した（申し込み 4.5 万円，払い込み 2.3 万円。内福沢は 8 千円出している。現存する奉加帳によると，実際には福沢以外は多くても 100 円程度であった。しかしこの資金で 1887（明治 20）年ころまで存続が可能となった。募金の効果は，義塾の結束，経済的自立への意識改革と福沢依存の個人ビジネスからの脱皮の意味が大きかったのだろう）。

　このころ福沢の資力からみて自分の資金をつぎ込む経済的余裕は十分あったと推察される（彼の資産は 7 万円近くあり，配当収入だけでも年間 1 万円以上あった）。明治 14 年の政変以降頼みの大隈重信が失脚し，また慶応義塾出身者すべてが非難を受け福沢自身が弱気になっていたことも背景として推察される。また学校組織として自立する，福沢個人のカラーから脱して，教員みんなで経営を行うという意識を植え付けたかったのかもしれない。書簡

などからみるとこの時期の福沢は慶応義塾の存続に拘泥しない，あくまで『時事新報』などを通じた文筆業で社会改革を主としていきたいと考えていたようだ。

　日本で初めて月謝制（月金二分＝半両，入学時に三両）を導入。教師には１人当たり月四両を払うという，私立学校のモデルを確立した。それまでは家禄を持つ武士が片手間に教えていたので入塾の時と盆暮れに熨斗をつけてお礼を渡すという江戸時代の慣行が続いていた。これでは教師の生活が安定しないというので月謝制を導入し，師弟関係という上下関係をやめて，いまの言葉でいう教育サービスの提供と対価としての月謝の負担という交換システムに移行させたのであった。当時の義塾の教科システムをみると，福沢の主張どおり理論や思想が第一ではなく「実学」が主体となっている。最初からカリキュラムも整然としていて，英語と社会科学（経済，地理，歴史），自然科学（特に数学と物理）を重視している。

その他間接関与した事業
①丸善
　早矢仕有的はもともと江戸で有名な蘭医で，その後慶応義塾に学ぶが，福沢に感化を受け起業家となり，洋書籍・薬品・医療機器，衣類・雑貨などを手がける日本初の輸入商丸屋商社（今日の丸善）を起す。福沢は外人輸入商が割高な洋書で暴利をとることに腹を立てていたので，丸善は彼の悲願の重要事業だった。福沢の書いた設立趣意書「丸屋商社之記」には「彼の大眼目は唯貿易に由て利益を求むるの一事に在ること固より論を俟たず。今この貿易商売の権を外人に占られ，座してこれを傍観するは，日本人たる我輩の義務に背くという可し」とある。福沢は丸善の経営理念だけでなく，法人の仕組みも作り，新しい商社の発展を思い描いた。会社は福沢ほか義塾関係者の出資に依存してスタートした。洋品部として洋服の仕立ても手がけた（これはもともと慶応義塾の中にあった衣服仕立局のながれである）。洋書輸入だけでなく翻訳書の出版も手がけるようになり，福沢がそのアドバイスや営業幹

旋の労もとっていたという（玉置紀夫（2002）117頁）。

また福沢が筆頭株主として設立し、経営陣も門下生を送り込んだ丸屋銀行（頭取中村道太，副頭取早矢仕有的）も手がけたが、こちらは不良債権により破産し、福沢も大きな損失を被った。破綻の直前に800円預金して損失を受けたと弟子に文句を言っている。幸い別に保有していた鉱山株式が三菱に買収されその値上がりにより損失が補填できたと書き残している。（慶応義塾編（2004）150-151頁）。

②横浜正金銀行

福沢諭吉みずから大蔵卿の大隈重信に具申して、日本初の貿易専門銀行として設立された。これも日本の外為専門銀行を持たないと海外貿易でも外銀に為替鞘をとられるだけとの思いがあり、日本の自立に必要な銀行と捕えていた。頭取中村道太，副頭取小泉信吉は義塾出身。資本金の構成は、100万円は政府、200万円は福沢の近い人脈の出資。民間出資分は早矢仕有的5万円、堀越角次郎6.3万円、安田善次郎2.9万円、岩崎弥太郎1.8万円、福沢諭吉1.2万円、五代友厚0.6万円、広瀬宰平0.6万円など財界肝いりの株主構成であった（玉置紀夫（2002）127頁）。

その後政府が日銀と同様の管理下におこうとしたが、福沢の論陣により民間銀行の姿を守った。当初の銀行経営については福沢が直接指示している。

以上福沢が関与した実業に触れ回り道をしたが、福沢の起業家精神を指摘して政治学者の坂本多加雄は福沢の次の言葉を引いている。

「学問は人生の目的にあらず。学問を学び得て大学者に為りたりとて、其の学問を人事に活用して自分自身の生計を豊かにし、又随って自然に国を富ますの基と為るに非ざれば、学問も亦唯一種の遊芸にして、人事忙はしき世の中には、先づ以て無益の沙汰なりと云う可し」（坂本多加雄（2007）68頁）。

これには福沢の実利主義が良く表れている。学者を「学問の問屋」と呼ん

だ福沢らしい現実感覚から出た言葉である。要は学問を応用して経済的に豊かになることであるが，ここでは実業のために学問や知識を使い頭脳でビジネスを行うことが古い商人と異なる「文明男子」に繋がることを彼は強く主張している。

福沢諭吉は『時事新報』紙上にて実業について次のように述べている（以下は現代語訳としている）。

「苦労して富豪になることは国のためになる誇るべきことなのに，わが国では却って隠れて質素に暮らしている。これは世間の非難を浴びないようにとの用心であり，このためせっかくのビジネスチャンスも敢えて逃すことすらある。世間の見方は，わが国伝統の「固陋嫉妬」の悪習慣で，上から下まで不和雷同して成功者の欠点を細々と論じ，時にビジネスを離れ私事のことまで揶揄するものである。これでは挑戦するものが挫折してしまう。富豪を妬むより，自ら奮起して富を求めるべきである。

私は今日外国との激しい競争になっていることから，わが国のビジネスがそれに打ち勝ち成功することを賞賛する。そのためには法令に違反しなければ彼らのビジネスの厳しさを咎めない，時として行き過ぎの利益も罰しない，私事の品行については論じる暇もない。」（『時事新報』1883（明治16）年3月9日〜3月10日「富豪の進歩を妨る勿れ」）。

「わが国では，成功した実業人の地位が低く，官吏の地位が高い。産業振興は国の本とは言いながら，すぐれた人ほど，官吏や政治のほうに行ってしまい，実業に行きたがらない。西洋では，金持ちは社会の尊敬や信頼を集め，大富豪ともなれば政府のお偉方でも容易に会えないという。わが国ではいっその事官吏で退官するもので，心身とも元気な者に資金を与えて，実業をやらせてみるのも面白いではないか。」（『時事新報』1885（明治18）年4月29日〜5月2日「西洋の文明開化は銭に在り」他）。

「今日国の自立のためには富国強兵が重要であるが，前者を担うのは富豪の資本である。しかし富豪は平等主義者の非難を恐れて，世間を憚り万事控えめにしているのは理解できない。法律や倫理に反しない限り，自己の利益の為に資本を十分に使い資産を増やすのは事業家の本質であるが，必ずしもそうしていないのは何故か。自己の利益を追求していくことが資本を増やし，それがさらに事業の拡大に通じて結局国の利益に繋がるのである。今日金の力は知識の力と同じであり，知識平等がおかしいという理屈と貧富平等も全く同様である。但し会社と家計は分離し，後者で慈善活動などするのは良いことである。」(『時事新報』1892（明治25）年12月16日〜12月18日「富豪の要用」)。

以上の福沢の言説は今日でも十分通じ，古さを感じず新鮮な印象すら受ける。

(2) 山路愛山

山路愛山（1864-1917）は明治中期から大正にかけて活躍した在野の歴史家，ジャーナリストである（坂本多加雄（1988, 1996）を参考にしている）。代々幕府天文方を務める家の出であったが，江戸開城のあと徳川宗家が静岡に一大名として転封となったため，一家もそれにつき従って移住することになる。主家が700万石の将軍家から70万石の一藩主となり禄高が減ったことにより，つき従った御家人たちは皆貧しい生活を強いられ，食べるので精一杯となった。このため山路愛山は教育も十分に受けられず働きながら学ぶことを強いられる。若い頃キリスト教の伝道者となったが，徳富蘇峰の民友社に入社しジャーナリスト，そして文筆家に転じた。『信濃毎日新聞』主筆，また『独立評論』を創刊，これを舞台に執筆を行う。彼の書き物は歴史の分野が多いが，『現代金権史』(1908)，『現代富豪論』(1914) などの現代物の著書も残している。なお『現代金権史』の初出は博文館が隔週で発行していた『商工世界　太平洋』という雑誌に掲載されたものである。

坂本多加雄によると，山路自身は個人主義，利潤追求という利己主義を修正する「国家社会主義」に親和性を持ちながらも，「創意新見」により困難を伴う新しい事業活動に挑戦する者を「英雄」的精神，つまり今日の言葉でいう起業家精神を持つものとしてその重要性を認識，評価していたという。新興の起業家に対して以下のような寛容な評価を下しているのは，新しい起業家が参入し，経済の新陳代謝が進むことは歴史の必然の流れであると思っていた。しかし富豪が固定化して1つの階級となり，優秀な貧乏人が栄達できないのはいけない。また資本がなくとも多くの人に実業界への参入の機会を与えるべきとしている。

坂本多加雄によれば山路愛山は実業家の自助精神と業績主義が社会を変革していくことを積極的に捉えていたと指摘している。

「愛山は，天皇という不動の頂点によって究極的な安定と統合を保証された政治空間のもとで，各政治・社会的勢力間のダイナミックな緊張・拮抗関係を通して，支配体制の「新陳代謝」が行われることで，社会が常に活力を保持しているような有様こそ，歴史が示す日本の国家・社会の本来のあり方だと考えていたようである。」（「山路愛山と明治という時代」坂本多加雄（2005）156頁）。

「時々は現状打破の活劇ありて，新富豪の出るを見るは平民の為には些か溜飲の下がる次第なれども，斯様の時期は多く得難し。唯所謂事業勃興，市場上景気の時節には徒手空拳にても頭を産業界に出し得ざるに非ず。」（山路愛山（1908）52頁）。

その結果出てきた新しい起業家には，多少の行儀の悪さもある程度はその功績に免じ黙認すべしとして次のように述べている。

「諸君（筆者注，新興の起業家）に依りて門閥と株とに支えられ，平凡

なる伴頭手代に依りて経営せられたる保守的産業の時代一変して自由競争を原則とする英雄的時代に入り，産業の勃興を来たし，大日本が世界の競争場裏に進撃すべき気風を作りたるは事實なり。品の善く，風儀正しき旦那風が諸君に依りて破毀せられ，露骨なる肉慾主義が諸君に依りて鼓舞せられたるは或る人には悲しき現象として映ぜなるべし。されど漢將は奴僕の面を存し，楚人は沐猴の冠したるものたるを免れず。産業世界一變の時期に際會し，創業の功をなしたる諸君に粗野の失あるは寧ろ大勢の罪にして諸君の罪に有らざる非るなり。」(山路愛山 (1908) 30 頁)。

「愛山によれば，たとえば「国家自ら富人の殻を奪ふて之を貧民に施す」ようなことも，「国家の権利」の発動として，「法律に於いては正当」であるが，「個人の能動を撲滅するに等しき愚計」であるから，現実の「政策」としては，これを実施すべきではないというのである。」(坂本多加雄 (1988) 198-199 頁)。

山路は国家，富豪，人民という3つの階級による動態的歴史観「三元論」なども論じている。彼はあくまで個人の自力による経営を基本としつつ，同時に「同感同情」に満ちあふれた共同体社会の誕生を期待していたようである[6]。

山路の『現代金権史』の内容をみていくと，まず明治が金の世の中となり，特に大資本と政治の結びつきの強さを批判している。政商といわれる者も出てきているが，こうした志違いはいつの時代にもあるもので，これは明治以前からあるとの指摘も忘れていない。

明治では役人を凌ぐ教育を身につけた能力のある実業家が登場し，世界の情勢に明く，外国人を使い，大きな事業を行う者も出てきているとし，福沢諭吉がそうした若者を教導する役割を果たしていると揶揄しているが，こうしたことを言っているのはもちろん1人福沢だけではなく多くの論者も同様であると弁護もしている。

新興の成功者たちの成功の秘訣は，「悧巧発明にして物の変遷，事の利害が見えたりとてそれにて富豪となり得べしとも限らず。……他人が躊躇して決行せざりし時に，思い切って暗中の飛躍を試みたる……決断と意思の推行力によることが多きが如し」(山路愛山 (1908) 29頁)。

また「新道徳の現出」として起業の思想についても論じている。封建時代の大名と明治の富豪を比較して，大名は百姓町人に大名を目指せとは奨励せず，封建社会制度を安定，維持するために彼らに「忠孝の道徳」を徹底した。しかし明治になると新しい起業家が次々と台頭して競争が生じ凌駕されていく厳しさもあり，また事業に失敗した者の不満もある，社員が団結して「階級闘争」などと称して権利や平等を要求して対抗してくる怖れなどがあり，油断できないことを指摘している。しかしそれに対して優秀な人材をむしろ社内で登用して，人材が伸びる余地を確保していくのが賢明である。また起業家は自分の子供が優秀だとは限らない，創業の時代も過ぎれば，金儲けだけに邁進するのでは通用しない時代になったと論じている。そして，以下のような経営者の倫理についても言及がある。

「(富豪は，筆者注) その事業を天下の人才に分ち，我物顔の振舞を改め，身は大財産の主人ながら心は天より財産管理人の職を与えられたる役人に過ぎずとの謙遜あるべし。」(山路愛山 (1908) 82頁)。

自ら築いた財産であっても，横暴に使うのではなく仁義，道徳に従って使用すべきと説いている。金持ちの心得は次のように転換すべきとも述べている。

「自分の財産，自分の事業は畢竟ずるに社会公共の事業に外ならずと云ふことを，脳髄に沁み込むまで教育すること是なり。」(山路愛山 (1908) 84頁)。

富を作り出すのは個人の力であるのに，道徳論など筋違いであると思う向きもあるが，所詮「富は社会が容認する其の間個人に与えられるものにて個人を中心とし，自由競争を主義とする古流の経済学は本末を転倒したるものに外ならず。」(山路愛山 (1908) 85 頁) と考えるべきであると言う。

山路愛山によると「金持の心を一変し，其富と其事業とは社会公益の為に用ちうるべきものなりとの新道徳を鼓吹せんと欲するのみ」と主張している。それが天下泰平，社会の動揺を抑える実業の倫理であるという。

坂本多加雄が指摘しているように，起業してまもない小資本の時は，「利己心」や「利潤追求」で良いのだが，規模が拡大して大資本になれば，所有と経営が次第に分離し，優秀な能力のある社員に権限も委譲していくのが道理である。会社は「資本を運転するには政治の才を要し，慈悲心を要し，節制を要す。」(坂本多加雄 (1988) 193 頁)。

山路愛山が坂本の言うような国家社会主義までを展望していたかは定かではないが，企業が株主の手から離れ企業官僚的な人材による運営が主体になり，その行動も個別利益追求だけではなく，公益的な色彩を強めていかざるを得ないということを既に見抜いていたことは慧眼と言うべきであろう。

(3) 横山源之助

横山源之助 (1871-1915) は，明治の各地の工業従事者，小作農などを取材してまとめた詳細なルポルタージュである『日本之下層社会』(1899) を書いた明治，大正期に活躍したジャーナリストで，かつ社会運動家である (以下は立花雄一 (1979) などを参照した)。

彼は富山県の左官職人の養子として育ち，英吉利法律学校 (その後東京法学院，現在の中央大学) を卒業した。弁護士試験に何度か失敗し思いを果たせず，一時浪人したが「毎日新聞」(島田三郎が社長をしていた元横浜毎日新聞であり，東京日日新聞ではない) の記者になり，5 年程度勤務し退社した。この間から下層社会のノンフィクションライターとして健筆を揮い，生涯を通じて近代化が進む明治の社会の底辺で生きる人々に関心を持ち続け取

材・執筆を行い，同時に長く社会運動にもかかわった。一方で晩年には彼のライフワークのテーマと対極にある「上層社会」論につながる，明治の富豪の人物評論，富豪史を精力的に書いている。

彼の富豪論は一部にゴシップも含むが人物論からみた明治産業史，あるいはその側面史となっている。おそらく生活のために執筆したものもあると思われるが，世の中の富豪論では有名人だけばかり取り上げられるが，自分は名も無き者にもスポットを当てるとして「社会は常に無名者によって進歩を促さる。」（『明治富豪史』（1910））と述べている（横山の富豪史関連の作品は同文館発行の月刊誌『実業界』，新公論社発行の月刊総合誌『新公論』，博文館発行の隔週刊『商工世界　太平洋』その後継雑誌の月刊誌『実業倶楽部』などに発表された）。

彼の「明治富豪の史的解剖」（1910）（横山源之助（2004））では，明治の富豪たちの類型化を行っている。それによると彼らが富豪となった原因を整理すると次のようになるという（以下は現代の用語に一部翻案している）。

①不動産の高騰と金融によるもの
②政府の政策的保護や政府事業の下請けとなったもの
③鉱山開発によるもの
③株式関係，株式の高騰によるもの
④商工業，貿易，海運業によるもの
⑤大会社，または大富豪の社員

以上の中で⑤については，人数は多いものの大富豪になっているものは少ないとしている。今日の整理でいうと富豪者はゼロからスタートした起業家や，資産市場の上昇に依拠しない形の起業は意外に少ないということになる。最も富豪にまで上り詰めた事例が対象なので，サンプルが偏っていることは否めない。

「今日の富豪者は，二三の例外は有るが，大抵四十年の経歴と，時代の変革とに依って，富豪の域に入ったので，其の間に幾多の努力と苦心の存して

いるのは言う迄もない。即ち富豪者の今日を得たのは，一は時代に在り，一は性格に在り。……致富の原因を研究せんと欲せば，時代と事業とを研究するに止めず，……時代と事業に適当した『人物の修養』が必要である」(横山源之助 (2004) 330頁（旧字は新字に改めた))。

つまり成功する経営者は「時代を読むこと」と「人格の修養」が必要であるという。

また，成功とは逆に転落した経営者について書いた「明治実業界の失脚者」(1910)（横山源之助(2004)）では，事業失敗の原因を整理している。失敗は1つの原因だけでなく以下の要因の複合的な理由によるものもあると断っている（以下は現代の用語に一部翻案する）。
　①社会の変革又は制度の変更によるもの
　②産業の衰退によるもの
　③時代を先取りしすぎたもの
　④事業拡大に資金調達が追いつかなかったもの
　⑤株式投資で失敗したもの
　⑥その他。使用人の不正，天災・事故によるもの，政治資金につぎ込みすぎたもの，奢侈，贅沢によるものなど。

「成功必ずしも智なるにはあらず，失敗必ずしも愚なりというべからず。成功，失敗，必竟人生の裏表，社会の事情と個人の性格と相適応せば，愚人も成功遂げ，否らざれば智者も失敗に陥る。」(横山源之助 (2004) 371-372頁)。

明治実業人の浮き沈みを細かく観察していることから，醒めてはいるが，ある意味では今日からみても違和感がなく，公平な評価を下しているといえよう。新しい事業を起こしても成功するかどうかは不確実である。現代と同様に，社会的な環境と起業家本人の親和性があるかないかにより事業の成

功,失敗はつきものである。

また株式市場と富豪との関係を別稿「現代富豪と株式市場の接触」(1910)(横山源之助(2004))で検討している。

> 「三井家でも,岩崎家でも,はた安田家又は渡辺家でも,或いは株式の騰落によって奇利を収め,或いは其の地盤を固め,大抵株式市場に関係なきはなく,即ち有価証券に投資を試みざる者は,殆ど稀有である。」(横山源之助(2004)380-389頁)。

以上福沢諭吉と,加えて山路愛山,横山源之助という明治維新の当代一流の論客で,かつ共に明治近代化の陰にあえぐ社会的弱者にも同情する心情を持ち合わせる書き手による明治の金権,富豪の評論をみてきた。これらに共通して感じられることは,実業論の大御所であり独自の思想基盤を持つ福沢を別格としても,山路,横山からも企業を起こし事業をしようとする起業家が果たす役割り自体を否定する見解は見受けられない。また彼ら実業家の行き過ぎや道義的に不明朗な部分について批判を加えていることももちろん多いが,反面ある程度は寛容にみているところもある。これはわが国が急速に封建社会から近代資本主義社会に転換していく中で,企業活動が確実に新しい社会の実現や国民の生活を変える原動力になっていることを目の当たりにして,起業家や企業に対して手離しで肯定しているわけではないものの,一方的に富豪性悪説で決めつけてみるということはしていない。ある意味のバランス感覚があり,相対的な立場から冷静に社会的評価を与え観察していく姿勢を維持していた。社会もそうした見方に親和性を感じていたのではないか。もちろん前述の土屋喬雄が取り上げた明治初期の道義的な経済人のように成功した起業家も自ら戒めるものが少なくなかったと思われる。

5. 現代の起業家――世間との対応

後段でライブドアの堀江貴文のケースと比較するために,起業した時期も

ビジネスの内容も異なるが,比較的新しい起業で若くして事業を起した先例を取り上げみていく。こうした事例を挙げる場合,わが国ではもの作り企業に拘ることが多く,起業家像に偏りが生じる傾向にある。最近の起業はITも含め三次産業が大半であるので,ここでは現代の代表的な起業家として製造業ではなくサービス業の起業家を取り上げたい。その中から起業に対する考え方,世間との関係に特に着目してみていくことにする。

(1) 飯田亮

飯田亮（1933-）は1962年に日本警備保障株式会社（現セコム株式会社）を起業した経営者である。飯田が起業した当時の日本には警備会社というビジネス分野がなく初めて民間の警備サービスの事業を興した。

飯田亮の実家は東京日本橋にある岡永商店という裕福な老舗酒問屋であり,彼はその五男として生まれた。進取の精神に富んだ経営者である父親の薫陶をうけ,将来は起業することを当然のこととして考えるような環境に育った。本人も末弟であることから兄が継いだ事業の社員となるよりは,将来独立して起業したいという意欲を早くから持っていた。学習院大学政治経済学部を出て実家でビジネスの基本を父親から学び,数年してから起業を目指して独立する。ちなみに飯田の兄弟は実家を継いだ兄以外は皆起業し会社経営者となっている。起業家論のなかで起業家が生育した家庭環境が実業家である場合と,そうでない場合とでは起業に対する抵抗感が全く異なるということが良く言われているが,飯田の場合前者の典型例であろう。

簡単な会社履歴と事業内容は以下となっている（飯田（2007）などを参照にして作成）。

1962（昭和37）年　日本警備保障株式会社設立。巡回警備,常駐警備を開始。

1964（昭和39）年　東京オリンピック選手村を警備。高い評価と信頼を得る。

1965（昭和40）年　同社をモデルにしたテレビドラマ「ザ・ガードマン」

がスタート。

1966（昭和 41）年　電話回線を利用した機械警備システム「SP アラーム」を開発。

1973（昭和 48）年　新ブランドとして「SECOM」（セコム）を制定。SECOM は Security Communication を略した造語。

1974（昭和 49）年　東京証券取引所市場第二部上場（1978（昭和 53）年第一部に指定変更）。金融機関向け CD（現金自動支払機）の安全管理システム「CD セキュリティパック」を開発し発売。能美防災と業務提携，資本参加（2006 年子会社化）。

1975（昭和 50）年　世界初の CSS（コンピュータ・セキュリティ・システム）が稼働。

1978（昭和 53）年　台湾企業と業務提携。本格的な海外進出を開始。東京にオンライン安全システムを集中監視する東京中央コントロールセンターを建設。

1981（昭和 56）年　日本初の家庭用安全システム「マイアラーム」（現「セコム・ホームセキュリティ」）を開発し家庭マーケットに進出。

1983（昭和 58）年　セコム株式会社に社名を変更する。

1984（昭和 59）年　飯田亮が京セラの稲盛和夫やウシオ電機の牛尾治朗とともに第二電電企画（株）（現在の KDDI（株））を設立，経団連に入会。

1988（昭和 63）年　日本初の指紋照合システム「セサモー ID」開発。

1990（平成 2）年　長嶋茂雄を起用したテレビ CM「セコムしてますか」がスタート。

1992（平成 4）年　メディカル事業として「在宅医療サービス」に進出。

1998（平成 10）年　中堅損害保険会社，東洋火災海上保険（株）（現セコム損害保険（株））に資本参加，保険事業を開始。遠隔画像監視システム「セコム AX」開発。

1999（平成 11）年　航空測量大手（株）パスコに資本参加。地理情報サービス事業に進出。

2001（平成13）年　日本初の携帯位置情報提供システム「ココセコム」を発売。

　2005（平成17）年　野外巡回監視ロボット開発。

　現在　創業者の飯田亮は取締役最高顧問を務めると同時に，1979年に設立した安全や介護情報関連の研究支援を目的とする財団法人セコム科学技術振興財団（基本財産172億円）の理事になっている。

「セコム株式会社」　会社概要（同社ホームページより。）
　　資本金　663億円（2013年3月31日現在）
　　連結売上高　7,656億円（2013年3月期）
　　連結経常利益　1,136億円（同上）
　　単体社員数　14,904名（2013年3月31日現在）
　　グループ会社数　195社，セコムグループ社員数51,113名
　　事業内容　セキュリティ事業を中心に，防災事業，メディカル事業，保
　　　　　　　険事業，地理情報サービス事業，情報系事業，不動産事業

起業構想，事業展開

　飯田亮は起業を決意して学習院大学の1年上の先輩であった戸田寿一と事業計画を練った。当初はアイスクリームやカタログ通販などを考えていたが，1961年ヨーロッパから帰った友人の話に触発され警備会社を興すことを決断する（飯田亮（2007）57頁）。飯田の起業についての基本方針は「努力すれば大きくなるもの」「誰もやっていないもの」「人が後ろ指ささないもの」「大義名分が立つもの」「前金のとれるもの」であったという。既存にあるビジネスではなく，全く新しいものを構想し，実行していこう，また損しないビジネスをするという起業家精神の本音が集約されている（飯田亮（2007）54-56頁）。

　のちにこの事業観を拡大し「単純明快なもの」，「安全に関すること」，「新しく事業を行うには，セコムが手掛けるのが最適なもの」をやると付け加え

ている（飯田亮（2007）58頁，138頁，179頁）。

　1983年に制定した「セコムの要諦」という行動指針の中には「安全文化の創造する」「常に新しく革新的である」ということが第一に掲げられている。それは現在（2013年3月期）連結売上高が7600億円を超え，契約企業数，家庭数ともそれぞれ約90万件，海外68万件を超えても変わっていないように思われる。

　現在の事業内容は警備から始まり，介護，医療，保険，地域情報を持つ情報産業にまで発展している。設立当初すぐに警備担当社員による犯罪が発生してしまい，その後会社として信用獲得のために職業倫理の確立に努めている。東京オリンピックの警備依頼と人気テレビドラマ「ザ・ガードマン」により社会的認知度が一気に上がり，事業拡大の契機となった。これは外部環境による追い風と言える。

　経営者としての飯田亮の独自性は，利益が出ている巡回警備を一気に辞めて，新しく開発した機械式の警備システム「SPアラーム」に資源を集中し大胆にビジネスの発想を転換した先見の明にある。序々に移行するのではなく，次世代のビジネスモデル革新へと大胆に方針転換を決断できたことが，起業家精神の発揮といえるだろう。その後1970年代に入り，規制緩和で金融機関の店舗外ATMが普及する際にセコムの機械警備は不可欠な要素となり急速に発展していく（飯田亮（2007）123頁）。

　また機械警備システム「SPアラーム」の普及に際しては大手電機メーカーから業務提携を誘われたが，これを断り独自展開にこだわり成功に繋げている（飯田亮（2007）126頁）。

　セコムのビジネスの特徴は安全・安心に関するサービスのシステムを創り，それを切り売りすることなく総合パッケージとして顧客に提供するところにある。従って機器類もレンタルとしている。基本になる社会情報の一元的把握が前提となるため，多額のシステムへの投資，またレンタル機器への初期投資に踏み切った。その結果として企業から個人まで網羅したサービスの提供，品質の維持が可能となった。また最大の強みは通信事業のラストワ

ンマイルではないが，最後の部分で人的機動力を持つことで安全を担保している点である。そして顧客との長期取引と信用の確立により，先行者利得として高い市場シェアをとりストックビジネスとして経営の安定を確立させたところにある。

規制との対応
①警備事業
　セコムのビジネスはもともと警察や消防と業務領域が重なることから当初は邪魔扱いもされた。また新しいサービスが労働者派遣業法に抵触の怖れがあることを指摘されるが，請負であることを説明し黙認してもらう。その後同業会社が多く参入し，現実の後追いで 1972 年警備業法も整備され，法律的にも警備事業が認知されることとなった（飯田亮（2007）80 頁）。ちなみに 2012 年末現在の警備会社数は約 9 千社，警備員数は約 54 万人（警視庁調）となるなど一大産業に成長している。現在では警察と警備の棲み分けが確立しており，補完と言っても良い関係を確立している。
②通信事業
　感知器センサーと公衆通信回線を利用した遠隔操作による機械警備システム「SP アラーム」の独自構想は，公衆電気通信法により電信電話公社（現 NTT）に回線使用を認められなかったが，窓口担当者による柔軟解釈を受け無事スタートすることが出来た。これは飯田亮の熱意が実った結果といえる（飯田亮（2007）110 頁）。その後通信の規制緩和により機械化，24 時間監視のシステムが構築できるようになる。

資金調達
　セコムの設立資金は飯田亮のわずかな自己資金と国際警備連盟会長のスウェーデン人の経営者との折半出資によりスタートした。その後飯田が家業で学んだ事業経験から売掛金の貸し倒れを怖れ前受金制を押し通し，困難に会いながらも営業努力で顧客を拡大して資金繰り問題を乗り切ることが出来

た。

　警備機器をレンタルにするため資金が固定化すること，しかし日本の担保重視の間接金融の限界を感じて株式公開により資金を調達することを選択する。この株式市場で調達した資金を活用して企業買収や海外展開に乗り出すこととなる。その際にセキュリティーサービスという本業から近い分野のみを開拓していくという慎重さがその後同社の安定した成長を支えることになる。

セコムの事業と社会との対応

　セコムは個別企業が各々実施していた警備業務を集約し組織化を図り，事業として規模の利益を生みだした。その後顧客の会社への常駐警備から撤退，さらに巡回警備も減らすことにより，独自の機械化，機械警備システムを採用し「面展開」を行うことが可能となり規模の利益の拡大と警備員の大幅削減を同時に実現している。顧客も当初の企業取引のみから，商業店舗，学校さらには個人までをカバーするようになった。飯田亮は警察の業務とは異なり，安全保障産業という事故予防サービスを顧客のニーズに応じて細分化して提供するという民間事業を新たに創造し，1つの業界を創り上げた。今日ではその事業が社会に広く浸透し，産業や生活に不可欠なサービスとなり社会インフラと呼ばれるようにまで育っている。警察という財政制約のある公共サービスとも平和裏に共存し，それを補完する柔軟な民間事業となり日本の安全社会の一翼を担うという公共性も手に入れている。セコムのイノベーション力によりさらに業務範囲は市民の社会生活全般にも拡大傾向にあり，「安全・安心」できる社会づくりに関わるという「社会システム産業」を標榜している。この結果警察をある面では凌ぐ程社会の膨大な個人情報を蓄積することになった。但し一私企業であるセコム自身のセキュリティ，モラル管理，信用の問題が益々大きくなっていることに留意が必要であろう。

　起業家飯田亮は既存の「世間」とどのように付き合ってきたのか。既存の業界からの反発は受けなかったのだろうか。これについては飯田自身が創業

当初より新しいこの業界の倫理の確立に積極的に努めたこと，若手経営者としてマスコミに出る機会も多く発言力もあった点を指摘しておきたい。のちに日本商工会議所会頭になる東急グループの五島昇，経済同友会代表幹事になるウシオ電機の牛尾治朗，高校同級生の作家・政治家である石原慎太郎などの「世間」に強い人脈や交友関係を持つという支えがあったことも事実である。また幸運であったのはライバルとなる綜合警備保障株式会社（ALSOK）が 1965 年に初代内閣情報調査室長である村井順により設立され，その後も警察官僚であった子の村井温が経営を引き継いだことにより警備業界自体の信用が確立し，早期の段階で業界が社会的認知を受けたことも大きいと思われる。創業期にセコムの警備が重要犯罪人逮捕に繋がったという事件があり，警察から表彰を受け，またこれがマスコミでも大きく報道され同社の社会的信用が確立していったことも追い風となった。

事業自体が警備という日常的な業務の着実な積み重ねにより実績や経験が増し競争優位を生み出していくビジネスである点も，先行事業者として安定感を与えている理由といえる。バブル時にも不動産，株式投資などに傾斜しなかった見識も本業の信頼を維持できた大きな理由の 1 つであろう。

飯田亮の起業家精神

飯田亮の起業家精神は，他の会社での勤務の経験もないので手伝いをした家業，親族から引き継いだものがベースとなっている。五男という立場から兄が継ぐ家業の社員になるか，のれん分けで独立することは既定路線であった。

経営姿勢は事業範囲を社会の安全（セキュリティ）に資する事業に関するものという点で揺るぎがないこと，また事業展開については厳しく，先行企業として常に新しいサービス，そのシステムをいち早く構築して他社の追随を許さずトップシェアを維持し続けるという目指す挑戦者精神が旺盛である。警備業は本来的に労働集約産業なので，規模を目指すには警備の機械化が不可欠であった。情報化社会を予見し積極的に情報化投資を行うという先

見性が勝因であった。また財務の健全性も当初より重視した経営に心がけている。

飯田のマネジメントのスタイルは，代表権を返上しても経営陣として社内に残り，会社の方向性については積極的に関与するリーダーシップをとり大胆な決断と失敗事業からの早期撤退を可能にしている。「艶っぽさ」を経営の信条としており，これは著書のタイトルになっているが「正しさを貫く」経営を心掛けていると言う意味である。

また若手経営者の1人として稲盛和夫，牛尾治朗らとともに行動し，古い財界に注文をつけ，第二電電を立ち上げる。「世間」を批判しつつもうまくそれと距離を置き新規事業に挑戦し共存共栄の道を探った。それは飯田の事業の顧客が極めて広範囲で信用が大切であったためであろう。新興企業でありながらある意味の挑戦と慎重さのバランスが要請されていたのが，そのまま飯田亮の経営姿勢となったのだと思われる。

(2) 江副浩正

江副浩正（1936-2013）は大阪府出身で，東京大学教育学部卒業後の1960年に株式会社大学広告（現株式会社リクルート）を起業した。彼は大学新聞の広告代理業からスタートして就職などに関する情報サービス事業を本格的に築いていく。また彼はわが国の学生起業家の先駆けの1人といって良い。

江副浩正の生家は飯田亮と異なり教育者であり，生育の過程で身の回りにビジネスが存在している環境ではなく彼自身も当初は教育者志望であった。ちなみにリクルートの創業に際して相談をうけ，事務所を貸したのは同じ東京大学新聞の編集をしていた時の先輩である森ビルの森稔（東京大学教育学部卒，森稔も森ビルの実質的な創業者）である。江副の場合，東京大学でも法，経済学部など官庁，大企業に就職先が集中する学部とは異なり，文，教育学部の学生はそれ以外に教育やマスコミ系など多様な職業選択肢を持つ学部の学生であったことも起業に関係していく遠因になっていたものと思われる。

簡単な会社履歴と事業内容は以下となっている（江副浩正（2010）などを参照して作成）。

1960（昭和35）年　大学新聞広告設立。事業内容は大学新聞の広告代理店（1963年株式会社日本リクルートメントセンター，1984年株式会社リクルートに社名を変更する）。

1968（昭和43）年　新卒学生向け就職情報誌「就職ジャーナル」創刊。

1974（昭和49）年　環境開発株式会社で不動産開発事業開始（1985年株式会社リクルートコスモスに商号変更）。

1980（昭和55）年　女性用転職情報誌「とらばーゆ」創刊，「住宅情報」東海版創刊（その後全国各エリア版を展開）。

1980（昭和55）年　安比総合開発株式会社設立（第三セクター方式，1981年安比高原スキー場開業）。

1981（昭和56）年　リクルート銀座8丁目ビル（G8）竣工。

1982（昭和57）年　アルバイト情報誌「FromA」創刊。

1984（昭和59）年　日本軽金属本社ビル（銀座7丁目）を取得。大型コンピューターのタイムシェアリング事業に進出。経済同友会，経団連入会。

1985（昭和60）年　第二種通信事業に参入。

1986（昭和61）年　リクルートコスモスの株式を店頭登録（現ジャスダック市場上場）。

1988（昭和63）年　リクルート事件発覚，江副浩正が会長辞任。リクルートコスモスの未公開株式の収賄容疑で政官財界の要人，マスコミなどのトップが相次いで辞任。

1992（平成4）年　江副浩正が自身の保有株式をダイエーの中内㓛に譲渡する。

2003（平成15）年　東京地裁で江副浩正に贈賄罪有罪の判決が出て刑が確定（懲役3年執行猶予5年）。なお地裁での公判回数322回は最高記録。

創業者江副浩正は1976年に設立した芸術家支援のための特例財団法人江副育英会（総資産55億円）の理事長を2013年まで務めた。

「株式会社　リクルート」　会社概要（同社ホームページより。）

　　資本金　30億264万円（1995年3月1日より）

　　連結売上高　10,492億円（2012年4月1日～2013年3月31日）

　　連結経常利益　1,281億円（同上）

　　グループ企業数　109社

　　従業員数　25,518名（2013年3月31日末）

　　主な事業内容　人材採用広告領域，生徒募集領域，住宅領域，結婚領域，街の生活情報領域，旅行領域，その他領域に関わる商品，サービスの提供

起業構想，事業展開

　江副浩正の起業のきっかけは単純に「お金」と「自由」を手に入れたいという理由であり，旺盛な起業家精神があったわけではなかったという。歩合給で稼いでいた東大新聞の広告取りという学生アルバイトの延長からモラトリアム的に仕事を続けている内に，次第に大学生向けの求人広告代理業という事業内容が固まっていくこととなる。また成長の背景としてわが国経済が高度成長期で求人が盛んになるという時代の環境条件も幸いしたといえる（江副浩正（2007）80-83頁）。

　創業初期は東大をはじめとして全国の有力大学新聞への求人広告営業からスタートしたが，これには季節性が大きいビジネスで閑散期には仕事がなくなり社員と旅行にいくような学生ビジネスの域を脱するものではなかった。しかし留学帰りの先輩から送られてきた米国の就職雑誌をヒントに独自の就職雑誌を構想し，新しいビジネスモデルを日本に導入しようと決意する。そして企業広告収入を得るため就職関連記事と求人広告を満載した就職雑誌を定期刊行するという全く新しい市場を創造していく。この就職雑誌での成功を皮切りに，同様の手法で他の職種（アルバイト，女性職求人誌）の就職情報誌や，旅行，中古車，住宅，生活文化，結婚，飲食店雑誌などライフスタイルに応じた企業広告を満載した情報雑誌を水平展開し，さらにこうして蓄

積した「ビックデータ」を持ちそれを活用するという現代的な情報産業に脱皮していく。これはセコムと似た企業の発展形態となっている。一方で企業体としては，豊かなキャッシュフローにも関わらずストックとしての資産が形成されないことから，ビル投資事業，情報処理事業さらには不動産開発事業，人材派遣業にも多角化展開を行っていく[7]。

　現在は広告媒体としては，自社編集の雑誌（有料・フリーペーパー）とインターネット・モバイルが拮抗するまでになっており，逆転するのも時間の問題となっている。創業当時の情報雑誌事業は形態を変えていくと同時に，ライバルのほとんどいない絶対的市場支配力のある世界から，ライバルが多く存在するインターネットの競争世界に徐々に軸足を移行する過程にある。

資金調達，人材

　資金調達については当初広告手数料収入であったため資金負担はなくて済んでいたが，自社独自の就職雑誌を創刊することになり，印刷会社に支払う前払金が必要となった。まとまった手元資金すらないので，業界として異例なことだが出稿する企業に前払を依頼し，また信用金庫からの融資により初回の雑誌をようやくスタートすることが出来た。創刊された雑誌は無料で大学生に配布したが，学生，出稿企業からの評価も良く事業継続を決意することになる。しかしここでまた資金調達の問題が浮上，父から資金援助を受けそれを株式投資に充て資金を賄った。この株式投資は会社の資金調達ともに広告の出稿企業の情報を収集するという効用があったが，このことが江副浩正を株式投資に深く関与させるきっかけとなった。

　また雑誌は広告以外にも就職に役立つ情報が盛り込まれていたが，その原稿は成果報酬型の原稿料だったため有能な現役東大生，OBらの書き手が自然と集まり雑誌づくりを支えることとなった（江副浩正（2007）80-115頁）。

リクルートの事業と既存業界，規制など社会との対応

　広告を満載した無料雑誌，あるいは極めて安価な雑誌媒体を大量に配布・販売していくというリクルートの新しい事業創造は，その競争力の強さによって既存の類似事業に強い影響を及ぼしていく。シンプルなビジネスモデルなだけに，追随者が出てくるがこれに負けない業界1位をめざすという営業精神を社内に植え付けたのは江副浩正の強い意思であった。駅のスタンド，コンビニエンスなど独自の販売ポイントというネットワークを確保，構築したことが広告営業上の強みを形成することにつながっていく。しかしリクルートの驚異的な成長と収益力は求人広告を奪われる側となった既存の大手新聞やマスコミからの非難や不満を徐々に醸成することとなった。江副自身は招かれたマスコミ主催の講演会で大手新聞社の経営者たちから文句を言われリクルートのビジネスが不興を買っていることを痛切に感じたと記している。

　規制との関係では，大学生の就職協定，職業安定法などに関する文部・労働行政，通信事業参入に関しては管轄する郵政行政，NTTとの接点があった。関連会社リクルートコスモスの不動産事業に関しても地方行政との交渉事が生まれてくる。これはどの会社でも同様の問題に直面することであるが，新規事業に参入するリクルート側としては特に既得権を持つ大企業に伍していかなければならず，江副浩正はかなり緊張感をもち行政や政治に関与し積極的にその障害を克服しようとする姿勢を取った。彼の言葉に「脅威と思われる事態の中に隠された発展の機会がある」があるが，常識を離れてピンチを乗り越えることがイノベーションを起こすという信念を強く持っていたようだ。

　また若手経営者としてマスコミに頻繁に登場したり，社外との交流を重視し政治家の集まりに出すぎたことも後年反省している。リクルート事件で未公開株式を広範に譲渡した背景にはこうした原体験が背景としてあり，リクルートという新しい事業形態を潰されないためという強迫観念から意識的に政界，財界，マスコミにシンパづくりをした側面が大きかったと推察される

（江副浩正（2007）161頁）。

　リクルートはセコム等とともに成長著しいサービス業の若手経営者の代表として，産業界きっての「世間」である経団連から懇請され入会している。経団連が産業構造の変化に対応し重厚長大企業だけではなく，第三次産業も会員として必要と判断してのことだが，その入会の際に江副浩正は当時の経団連の稲山嘉寛会長から政治献金の必要性を教えられたことをわざわざ記している。それが後年の未公開株式の譲渡に繋がっていくと思われるが，「世間」を取り込むコストとしては結局逆効果に終わったというべきである（江副浩正（2007）196頁）。

リクルート事件と社会的制裁

　1988年にリクルートの関連不動産会社リクルートコスモス社の未公開株が，当時の多くの有力政治家（首相級を複数含む），高級官僚，大手新聞社トップ，有力学者に上場前に時価（実勢価格）を下回る価格で譲渡されたことが発覚し，大贈収賄事件として立件されることとなった。同社子会社の未公開株式の譲渡は1984-85年に行われ，同社株式の店頭公開は1985年であった。この株式公開後の実現利益が贈賄と認められた。これはリクルート事件と呼ばれているがその関係者の範囲が多いことが，事件をより大きくした面も否めない。結局江副浩正は贈賄罪で2003年東京地裁にて懲役3年執行猶予5年の有罪判決が確定した。

　経営者として順法意識のなさ，軽率さは認められるが，当時までは未公開子会社株式の譲渡は経済界の慣例として日常的に行われていたもので，贈賄側も受託収賄側も犯罪の意識はさほど高くなかったと思われる。また判決でも未公開株式譲渡は金銭の贈賄より軽微で，収賄が慣例化していたとも指摘している。未公開株式の問題はこの事件以前，また以降も多く横行しており正確な実態把握は事実上難しいと言われている。

　この事件に関して，結果として巻き込まれた形となったセコムの飯田亮は後日次のように述懐している。

「われわれが読めなかった，というか読み切れなかったのは時代の流れが変わったということです。未上場株式の親引けは経済行為として日常茶飯事のごとくやっていた[8]。しかし，合法的であっても，それまでの社会が容認していたことでも，容認されなくなった。そういう変化の潮目が読み切れなかったということです。」（日経産業新聞1991年8月27日）。

ここでの問題は，この事件で起業家が社会制度，社会のルールの変更の槍玉として一罰百戒ともいえる制裁を受けていることである。大物政治家への贈賄は確かに問題であったが，その贈賄によるリクルートが得る対価はさして期待するような性格のものではなかったことは江副自身理解していた。前述のように江副浩正としてはリクルートの社会的プレゼンスが高くなるに従い，リクルートのビジネス自体に対する「世間」の反発，障壁が次第に強く感じられるようになったのではないか。リクルートの発展よりも，むしろ生き残りのために請われるまま未公開株式譲渡の範囲を拡大させていったという方が正確な理解であろう。それを是としてしまった経営者の行動は非難されても仕方がないものと思われるが，前述のように当時は類似行為がごく一般的に行われていたことを鑑みる必要があったのだろう。

未公開株式による利益は贈与に近い性格のものであったが，明確な見返りが期待出来ない利益なき犯罪者である起業家個人が主として社会的な制裁をうけることになった。新しくビジネスモデルを創造し社会的に認知され有名企業になる過程で起きたこの事件に対して「世間」の制裁は厳しいものであった。この裁判の詳細な報告を江副浩正自身が書き残している（江副浩正（2010）），また社員でその後独立した藤原和博もリクルートの成長とともに高収益会社に対する社会的風当たりが変化したことを書いている（藤原和博（2002）115-116頁）。

この事件により学生ベンチャー起業家の先駆けである江副浩正個人の実業人としての生命は絶たれることとなった。しかしこの事件にも関わらず，リクルートの事業，人材は散逸することなく存続し，成長を続けているのは江

副浩正が創り上げたリクルート創立以来の起業家精神が社員に信認を得，また深く浸透していたためかも知れない。リクルート事件が発覚した時は創業後約28年経っており，売上高1839億円（1987年12月期），従業員6466名（1988年4月）の堂々たる大企業であった。未上場企業とはいえ経営理念も掲げて組織運営も整備されていた。江副浩正はもともと教育者の資質を持ち合わせており社員教育にも熱心な上，ドラッカーの経営学を学ぶなど組織づくりにも意を払っていた。また創業以来の幹部や中途採用の幹部なども含めた経営陣とのコミュニケーションも良く風通しの良い民主的な経営文化の創造に腐心している。江副浩正の著書を読むと幹部，社員との一体感は極めて良好であった。このように社内に人材が育っていたため江副浩正個人に依存する経営から脱して組織として運営できる自律性が確立していた。

　一方ライブドアは事件当時創業10年目に入ったばかりであり，売上高784億円（2005年9月期），従業員699名（1988年4月）と規模こそ大きいものの，企業買収により年々倍増以上の急成長途上であった。中途採用で集めた幹部社員，経営陣はそれぞれの担当分野でかなり裁量的に業務を進めるような雰囲気で，会社としての統合感が欠けている状態であった。表面的には大企業の装いをしていたものの社内組織は学生サークルの域を抜け出せておらず，経営トップとしてのリーダーシップすら十分確立していたとは言えなかったという。特にNO.2で財務担当取締役との確執を堀江貴文は自著で触れている[9]。起業の強い意思・エネルギーとその後会社を安定的に成長させていくというマネジメント，組織運営への関心が希薄で両立出来なかったことは堀江貴文の上場企業の経営者としての限界でもあった。

　リクルートは2014年度株式公開予定といわれており，この株式公開と資金調達により第2の創業期を迎え，今後情報企業としてどのような発展経路を辿っていくのかが注目されている。

起業家輩出企業としてのリクルート

　リクルートは若い多くの起業家を元社員から輩出している企業として著名

である。わが国では，起業家の経歴をみると「営業やマーケティング」の経験があるものが米英に比較して多いというアンケート調査がある（松田修一（1997）124 頁）。この理由はわが国経済の特徴として供給過多経済であること，大企業ほど調達部門では一見さんお断りの風潮があり Walk-in Sales などの営業活動が難しいからではないかと思われる。そのような文化の中で起業家輩出が多いといわれる企業は，顧客基盤を強固に持つ企業が多い。リクルートはその中でも最も幅広い業種と取引を持ち，起業に適性のある人材を多く抱えており，起業成功者となる社員（子会社出身も含むと独立後起業して上場した社数は 30 社弱といわれる）も多い。従ってまた起業志向の人材が集まるという好循環が成立している。

　こうした起業家を育成する組織風土は一朝一夕に形成されたものではない。江副浩正が定めた社訓は「自ら機会を創り出し，機会によって自ら変えよ」は今も社内に生きていると述べている（江副浩正（2007）21-22 頁）。

　江副浩正が自著で行動指針を書いているがそのうち，「誰もしていないことをする主義」「分からないことはお客様に聞く主義」「ナンバーワン主義」などはリクルートの起業家精神を良く表している。またその精神を持続させる社内の仕組みづくりとして，雑誌毎に社内起業，社内カンパニー制（江副は「プロフィットセンター制」「社員皆経営者主義」という）を早期に確立して，社内での企画力の養成，競争意識と自己増殖のシステムを創ったことが大きな成功要因だという。リクルート事件とは全く別次元の問題ではあるが，起業家輩出の高い機能を持つリクルートの企業教育や企業文化は高く評価されて良いものと思われる。それは江副浩正が怖れた「世間」の見方，論理とは全く別の競争原理主義の文化であるが，わが国に最も欠けているものだからである（江副浩正（2007）115-119 頁）。

江副浩正の起業家精神

　江副浩正自身は企業の勤務経験はないことから彼の起業家精神は，学生アルバイトからスタートした事業を通じて後天的に創り上げられたものと言っ

て良いであろう。前述のように育った家庭環境もビジネスとは無縁であった。卒業後企業に就職しなかったのは「自由」と「お金」が動機と述べているようにモラトリアム的でもあり，最初から起業志向が強かった訳でもない。しかし後年リクルートの事業は学生の就職や転職支援は，産業界にとって人材の配分や移転に役立つ社会性の高い事業だと述べているように，事業の社会性を強く意識するように変化していく（江副浩正（2003）128頁）。

原点である学生のための就職雑誌事業を生かして，その広告専用の自社制作の雑誌を様々な分野に水平展開することに特化していくという新しい業態を創りだした。また情報の鮮度を活かすため，印刷のスピードアップを図るよう独自にコンピュータ化を進めていく。また紙媒体の雑誌を通して蓄積した情報を活用して情報産業に次第に移行していくという先見力は高いものがあった。

リクルートの経営は，起業家である江副浩正がリーダーシップを全面に出すのではなく，社員の自由な発想を汲み上げ（新事業提案制度），社内の会議で徹底討議して決めていくという民主的なものであった。創業時からの個々の社員の起業家精神を引き出す社風を堅持し会社の活力の維持に努めている。また起業家精神の旺盛な社員の採用に何にも増して力を入れるという独特のスタイルを確立した。リクルート自体がビジネススクール的な性格を備えていたと言えよう。

本業の組織原理はシンプルで，様々な消費者別の広告雑誌を作るビジネスユニットの集合体が各々競争しつつリクルートという会社を構成する動態形となっており，赤字のユニットは迅速に改廃していくという機動性の高い事業部制度を採用した。

江副浩正は本業以外では株式投資，不動産事業についてはもともと関心が高く（江副浩正は不動産に関する著書もある），後者については本業との関連もあって早い時期から関係会社を通じて参入し事業拡大していくことになる。その資金調達，土地取得などに関連して結果として事件を呼び込むことになる。なお現在当該不動産事業はグループからは分離している。

江副浩正は経営者として「世間」の怖さを知り，その防衛策として政治の世界に深く関与しすぎたのは新興企業を財界の既存勢力から守る彼流の用心深さの反映だったとも思われる。

注
1　高橋義雄については平山洋（2004），慶応義塾出版会『時事新報史』に解説がある。
2　鈴木恒夫・小早川洋一（2006）を参照。
3　社会起業家としての側面は島田昌和（2011）を参照。
4　慶応義塾編（2004）214-227頁，玉置紀夫（2002）253頁。
5　ひろたまさき（1976b）166頁によると義塾の収入は明治6年10400円，8年9000円，10年5200円，11年4200円，12年3700円，と激減する。収入が支出の3分の1しかないという状況に陥った（慶応義塾編（2004）も参照）。
6　詳しくは坂本多加雄（1988）による山路愛山の自伝を参照。
7　「ビルはリクルートの利益を蓄えるダム」（江副浩正（2003）201頁）という表現をしている。
8　江副浩正自身もこうした慣行があったことを大和証券のトップに確認したと書いている（江副浩正（2010）445-446頁）。
9　堀江貴文（2009）。

第4章

日本的「世間」の倫理，起業に対する世論の見方

1. 日本の資本主義精神の淵源

　わが国の資本主義の精神の淵源を探る研究には前述のように諸説がある。徳川時代の豪商などの商業倫理に求めるもの，武士の儒教倫理に求めるものなどである[1]。また実際に明治時代の起業家の出自を統計的に調べた研究によると，武士主流説，商人主流説，さらに農民も含めてどの階層も大差はなく均等説など様々となっている。

　武士主流説の根拠は，藩校での読み書き，儒学，国学，和算などの基礎教育がなされていたこと，出身の藩や新政府の官営事業に参画することも可能でありビジネスチャンスに近かったことが指摘される，さらに彼らの一部には留学帰りもおり西洋の進んだ産業技術やビジネスに触れる機会が多かったことなどである。

　また商人説では，商売感覚を持ち，算盤，会計や経営管理については本業として知識，経験があり，また資本も持ち合わせていたという考えである[2]。しかし地主層も資本を持ち，農業関連の商売を兼業している者も数多くおり，企業の担い手になる資質を備えてもいたという。つまり1つの階層で説明できない多様性があったというのが事実のようだ（宮本又郎（1999）317-324頁）。

　ここでの問題はこうした彼らの商業倫理なり，儒教倫理なりが明治以降も企業活動の中で持続し得たのかということである。一部の財閥グループでは，今日でも江戸時代以来の家訓を事業精神としてかかげているところもあ

る。しかし古来の伝統的精神（商業でいえば奉公，勤勉・節約，家名・信用重視，武士道でいえば忠節の価値観や主家への奉仕義務）というものが，純粋な形で明治以降も新しい企業のビジネスの現場でそのまま受け継がれていったとは考えにくい。彼らは武士にしても，商人にしても主に仕える身分，つまり使用人であった。主家の名誉のために分をわきまえて滅私奉公する精神が刷り込まれていた。それが明治以降も通用し続けたとみるのは無理がある。経営史家の宮本又郎の史料研究によると江戸から明治にかけて企業家の浮き沈みは大きく，50年間長者番付の地位を維持した者は1割しかなかったという。また明治の新興長者はもっと厳しく明治維新の長者で明治35年まで番付上延命した者は5％以下という事実を示している（宮本又郎(2010) 307-313頁）。つまり明治の新時代に適合した事業思想や精神が生まれ，生き残った企業の中ではそれが主たる経営理念となったとみるのが自然であろう。

　封建社会から脱して，厳格な家，階級の意識が薄れる明治の時代になり，武士などはその奉公先自体がなくなって自立せざるを得なくなった。新政府もまた起業に必要な資金を積極的に貸し付けてこれらを支援したのである。新時代の混乱期に独立した起業家として，新しい事業に着手していく上で伝統的な商業倫理や，儒教倫理にだけ縋っていたとは考えにくい。明治の多くの啓蒙家が西洋の経済や社会思想を広範に紹介し，起業家はそれらの新しい考え方をいち早く取り入れてビジネスを立ち上げたのである（もちろん社員に対しては，伝統的な倫理を応用して就業の心得としたかも知れないが）。こうして多くは外来の起業家精神にも影響を受け，今まで刷り込まれた精神とは異なる独自の近代企業経営の資本主義精神を形成していったのではないかと考える。伝統の精神のみを墨守していくだけでは，新時代の競争を生き抜いていけなかった。それでなければ福沢諭吉の『西洋事情』（推定25-30万部），中村敬宇『西国立志編』（推定100万部以上）など明治の啓蒙書が飛ぶように売れた説明がつかない。

　経営史家の宮本又次によると江戸時代以来の保守的な問屋，商人資本が日

清戦争後の工場・工業の勃興により次第に廃れて，進取の精神を持つ工業資本が独立し，実業家あるいは紳商と呼ばれるような経済人となった。しかしそれはやや性急な受容となり，経済と倫理が分裂して私益の追求に傾くものであったと指摘している。しかも完全に分裂するには至らず，こうした成功した経済人は依然として封建的な社会意識を引きずった実業家意識を持つものであったという（宮本又次（1977）312-322頁）。

明治新政府を作り上げていく政府の要人たちにしても，封建社会の思想を大胆に転換した下級武士層であった。多くの明治人は旧来の思想を転換し急激に変化する世の中に必死に対応しようとした。夏目漱石の『坊っちゃん』では，主人公の父親の職業は書かれていないが言葉遣いからすると武士階級のようだが，兄は高等商業学校を出て，会社員になると決めて英語を勉強しそのとおりになる。主人公は兄から分けてもらった親の遺産で物理学校に行き中学の教員となったが，あとでそのお金を資本（もとで）に牛乳屋を開業すれば良かったと後悔している。牛乳屋は当時士族の商法として唯一成功できた商売だったという（夏目漱石（1950））。

先に取り上げた新潟の質商出身の実業家大倉喜八郎（1837-1928）は，江戸の乾物商への奉公後独立，維新の騒乱を予想して鉄砲商となり大きな富を築き一代で財閥を形成した。彼は著書『致富の鍵』で次のような近代的な考え方を述べている。

「現今の経済状態では，資本と労力，並びに自然の三要素が相結合し，この三者の調和，そのよろしきを得るによって，何の事業もできるのである。もしもこの三つの要素が釣り合わなければ，いかに経営する人がよくても，決して事業は完全にその目的を貫徹することが出来ぬものである。」（大倉喜八郎（1992）221頁）。

丁稚奉公から貿易商社，建設，鉱業，観光業など財閥を築いた大倉には，漢籍や算盤の知識は多少あり，また江戸時代の商業倫理，石門心学にも影響

を受けていたという．しかし混乱の時代を見聞し，己の才覚で切り抜けてこられたのは新時代に生まれた起業家精神を体得したからであった．また明治になり私費で渡航し進んだ近代経営の精神を目の当たりにしたことも大きかったのではないだろうか．

2. 日本の宗教意識

次に資本主義の精神を少し離れて起業家の考え方に影響を与えていたものを探ってみたい．すべての仕組が変わった明治維新でも変わらなかったであろう日本人固有の思考方法，あるいはもっと漠然としてその底流にあるものがあるのではないかという推察からである．それは個人の社会行動や集団社会特有の考え方が存在し，明治の起業家だけでなく現代に至るまで起業家精神の底流に存在していると思われるためである[3]．諸外国ではそうした考え方の一部に宗教心が取り上げられるであろうが，日本では宗教はウェーバーのいうように「経済の心的態度」「エートス」に強い影響を与えるものとして登場してこない．もちろん特定の宗教に帰依した信仰心の厚い経済人もいるが，ビジネスの世界では表だって「宗教」は触れないのが一般的である．

宗教学者の阿満利麿は日本人の生活習慣になっている自然宗教も宗教であるとしている（阿満利麿（1996））．また統計数理研究所が5年毎に実施している「日本人の国民性調査 第12次調査（2008年）」によると，宗教を信じている人の割合は27％だが，信仰心が大切だと答えた人の割合は69％あり，日本人は大部分が無宗教ではなく「素朴な宗教的な感情」（林文（2006））は持っているという見方もある[4]．

宗教とは神や仏などの絶対的価値の根源であるものと個々人の対話であり，心の契約関係であろう．日本では少なくとも体系だった宗教に日々の生活，特に経済活動が影響を受けることは少ない．ところが一方では民間信仰や商売繁盛を祈願して神社に参拝したり，またお札や縁起物をオフィスに置くことは日常であり，時に「神棚」のある会社もある．それらはあくまで氏神に商売繁盛や開運厄除を心掛ける「神頼み」「けじめ」の位置づけであり，

ビジネスを手掛ける動機，あるいは心の拠り所になるもの，社会的規範の類いといった水準ではないと考えられる。わが国での祈願は，それを行わないことで起きる災い，祟りなどネガティブな影響を払拭したいという希望の表現であり，積極的に行う意義，行うことによるポジティブな利益を追求するものとは理解されていないというべきものであろう。

　経営史家の宮本又次は江戸時代の商人たちによる株仲間の信仰的結合の研究をしているが，こうした信仰は株仲間毎により信仰対象（神社）は異なり，このシンボルを中心として株仲間の仲間愛の醸成，結束が図られたのであり，個々の商人の純粋な宗教心とは離れたものであると述べている。宮本又次によると「思うに商内の本質は営利にあり，我利我利となり，抜け駆けの功名を目ざし，われがちとなるのは自然の帰趨である。これを一括して，協同を保ち，一体的に結合させるためには，神仏商加味というような，経済原則を超越した扇眼を持ち来さなければ纏まりがつかなかったであろう。」（宮本又次 (1977) 55頁）つまり彼らにとって信仰とは合意形成のための1つのきっかけにすぎなかった。

　ビジネスの世界では初詣や，社屋・工場などの地鎮祭など神道の祈願事は極めて一般的でありまた習慣化しており，これらを宗教活動ではないとも断定できないが，少なくとも特定宗教による制約を受けるほどのものとは考えられず形式的な一種の儀礼や決まり事と位置づけられよう[5]。

3. 村の掟，村の倫理

　わが国では宗教の代わりに，より強く個人を規律づけているものとして準拠集団の規範（ここではそれを「日本的世間の倫理」と呼ぶ）が存在しているとみられる。日本の宗教は仏教ひとつをとっても同じ村内でも共存することなどもごく普通であり，宗教それ自体が日常の活動に強い影響を与えたり，動機づけることはあまりなかった。江戸時代には農民の比率は国民の8割を超えていたので，日本の準拠集団の大半は農村ということになり，この村の規範が日本社会の原型にあるのではないかとみられる。基本的に人の離

農，逃散が認められない農耕を基本とした共同体生活が，長い歴史の中で規範や倫理を独自に築き上げてきた[6]。戦中戦後に長く東京西部ある恩方村（現在の八王子西部）に暮らした作家きだみのるは，「この膨大な（日本の，筆者注）人口は部落或いは部落的な少人数の集団のくり返しの中に吸収されていると考える方が賢い。」（きだみのる（1967）11頁）と述べているように，素朴な見方だが日本人の意識は案外そこから抜け出せていないように思われる。

　農家人口比率は明治になり農村から都市勤労者に労働力が流出していくにつれてウェイトが急速に低下していくことになる[7]。つまり逆に拡大していく都市住民，勤労者は元々の村人出身者である。こうした社会移動に伴い農耕集団としての共同体組織の意識が，一部は変容しながらも新しい日本の社会の，家族，企業，経済社会の基本原理として引き継がれていくことになった。こうした農村から都市へ移動した人々の意識は，民族学者の宮本常一の「都内の中の田舎」などに生き生きと描かれている（宮本常一（2012）21頁）。

　ここで村の暮らしと倫理を江戸時代の村落生活をモデルとして簡単にみておく。江戸時代の村の規模はばらつきが大きいものの平均的には100戸位で1つの村が形成され，ここに領主により庄屋，年寄など村役人が指名で置かれ，村落を管理していた（ほとんどの村の中には五人組制度があり年貢納付などで連帯責任を負わされていた）。一方，村では公式に書かれた法度，村掟などはあるが，大きな事件でない場合は公式の規範を忖度して村内で処罰が大半の場合決められ，公儀（領主）へは報告で良いことが多かった。また日常に起きる事件などの問題処理や様々な紛争調整は，村の8人とか10人などで構成する「衆」と呼ばれる長老制の寄合いでの話合いで決めるのが基本であった。そこでは多数決（入れ札）とは言いながら，むしろ曖昧な形で全会一致の合意形成が一般的であったという。これは日本人が白黒を明確にせず，集団に属する人びととの協調や調和を優先して図るという考え方に基づくものという見方もあるようだ[8]。

また村内の争い事の裁定に際しては，しばしば当事者からの「詫び状」「誤り証文」により罪を軽減したり，和解や見逃すことも広く行われたという。この場合，証文の差出人には本人のほか，家族，親族，仲介に立った者（扱い人），五人組，村役人などが連署，押印している（曽根ひろみ「民衆の罪と責任意識」ひろたまさき編（1994）133-135頁）。

この背景には罪を表面化して公式に罰するより，極力「世間」の結束と連帯責任で，事件や紛争を村の中で穏便に収めていこうとする共同体の理屈があるものと思われる。村人達は長い時間を労働と生活を通して過ごしていく運命にある。その結束が崩れる不幸や全体の不利益は村人は皆解っているのである。

村では，災いは外からくると考えられており，村内は結束してこれを防ぐ手段を講じる。例えば村はずれの場所で道祖神や道切りなどの呪術的な行事が行われていた。一方で村の結束が逆に作用するケースがある。この例として村の中から災いが発見されるとこれを厳しく排斥することも見られた。狐つき，犬神などはこの例であり，この容疑がかかると村から制裁を受けるという悲劇も生じたという（塚本学「生きるための知恵」塚本学編（1992）308頁）。

近世の村社会では，公儀により村内の私的制裁禁止の原則にもかかわらず，村の寄合による広範な自治が行われていたとみられている。もちろん，公儀の法，規範に抵触しないという留意付きではあるが，村落自治が機能していた。

また，生活の重要イベント（冠婚葬祭，病気，長旅など）の場面での義理や贈答の儀礼，慣行を失することは村の生活ではトラブルの原因となる重大事であった（塚本学「生きるための知恵」塚本学編（1992）328-329頁）。

日本史家の渡辺尚志（2009）では江戸時代の百姓の生活を研究しているが，それによると農業を中心とした生産単位である家が継続事業として営まれていく中で，江戸後期になると当主は貨幣経済の論理と村落共同体の倫理をうまく均衡させながら家を経営していくことが求められていたという。村

の掟や取り決めも，経済原則一辺倒ではなく，柔軟に弱者救済と村全体の利益確保が図られるようなシステムが確立していたようだ。

今もこうした村の理屈が日本人の倫理の伝統，考え方の底流にあるように思われてならない[9]。その1つの例として渡辺尚志が紹介している事件の例が参考になる。明治に入り農民が銀行との間で借入金の返済条件緩和の交渉をしていたが銀行に相手にされなかったことから，当の農民が行き詰まりついに暴力に訴えようとした。結局最後に警察，村の戸長が仲介に入り和解に持ち込んだ例を引き「江戸時代以来の通念は，しだいに弱まりつつもなお根強い生命力を保って，農民たちの生活を守る力となっていたのです。」と述べている。もちろんこれは村の中の秩序のことであるが，明治維新になり新しく政府や法律が出来たと言っても村の自治に関する問題まで政府の強権を発動して従わせるところまで行かなかったというのである（渡辺尚志（2009）314-319頁）。

わが国では神から永遠の魂の救済を受けるより，現世の準拠集団から村八分や所払いなどの制裁を受けることの方が恐怖だったのである。日本人の現世主義が「来世」に関与する宗教よりも「世間」の価値や意味により重きを置いているためであろうか。

「日本においては，元来，一神教的な宗教が希薄なうえ，近世初頭の徹底したキリシタン弾圧，仏教の体制化・世俗化によって，人々の宗教意識は現世利益の希求に大きく傾き，日常生活を激しく律し，神との緊張関係の中で罪を自覚せしめるような宗教は根付かなかった。そうであるならば，近世の民衆にとって罪とは一体いかなるものであったのだろうか。……人々の生活規範の核心は何であったのか。」それは，「村や仲間集団の総意に基づく平穏と秩序を破り，共同の利益を損なう行為」であり，それは社会的に非難され糾弾され，さらに制裁をうけることとなったという。時により公議の定める罪は許されても，共同体の定める罪は厳しく問われることもあったという（曽根ひろみ「民衆の罪と責任意識」ひろたまさき編（1994）130頁，166頁）。

宗教学者阿満利麿は,「近世な富裕商人階層の人生観である,稼ぎ専一,遊楽第一といった「現世主義」も,死後万人は「ホトケ」となるという葬式仏教による保証を暗黙の前提としていた」と指摘している（阿満利麿（1993）65-66頁）。日本人の得意な都合のよい使い分けは,合理的にいろいろな思想を機能的に結びつけ,棲み分ける複眼的な精神を生んだ。現世では儒教の「仁義礼智」の道徳が通用する「世間」を大切にして働いたり,生を楽しみ,死が近づく年齢になると仏教に信心を求めていくというライフスタイルに応じた合理的な思想の乗換システムが抵抗なく受け入れられていた[10]。

こうした「現世主義」が出てきたのは16,17世紀であり,仏教の「無常感」,「憂き世」の概念を「浮き世」と発想を転換し捉えるようになったという。存在するかしないかわからない「前世」「後世」を気にして宗教に絶対的な救いを求めるより,不安は残るが「現世」を楽しく浮き漂うしかない（阿満利麿（1996）46-47頁）[11]。

そのような人生観からすると,現世を楽しく過ごすためには,生活を支えるための稼ぎに精を出すことに熱心になり,また時間の使い方も合理的になるということになり,現代の生活スタイルと意識に近いものに収斂していく。

4. 日本人の精神

日本人の精神に関する先行的な研究文献のいくつかをアドホックになるが紹介することにする。

社会心理学者の南博は『日本人の心理』（1953）で日本人独特のものの感じ方,考え方などの精神的態度について様々な古今の文献を渉猟して典型的な精神的態度を列挙している。その中でわが国は島国で閉ざされているため他国に比べてこうした心理的伝統が過去から変わらないところが多いと指摘している。

南博が取り上げている日本人特有の真理の中でいくつか言及すると,例え

ばわが国では成功は逆境の中で地道に苦労して得るもの，決して上の地位にある他人と競争するものではないという，そこには羨む心をもたなければ努力して成功できるという「逆境幸福論」が背後にあると述べている（南博（1953）87頁）。

また兼好法師や鴨長明による，身の程を知り，不足に甘んじ日々平静な生活を保つという隠者的見方であるところの「不足主義」「知足安楽主義」が現在の道徳観にも色濃く反映しているという（南博（1953）105頁）。

進歩的な知識人であった江戸後期の絵師・蘭学者の司馬江漢もその随筆『春波楼筆記』で「金も儲けられるならば儲けろ，名もあがるならあげろ，只己の量を知りて出来ぬことはするな，何事も身をさまるように工夫して，過度はするな，是は能きあんばいじやと云いてやり過ごすな，中位の所が大事じや」（日本随筆大成編輯部（1975）6頁）。

ただ南によると本居宣長の随筆『玉勝間』を引きつつ，こうした見方は外国の影響を受けた「つくり事」であり，富貴を願い追求することが人本来の姿であると指摘する少数の知識人もいたということも紹介している。

　　「ほどほどにつとむべきわざを，いそしくつとめて，なりのぼり，富さかえむことこそ，父母にも先祖にも，孝行ならめ」（本居宣長（1934）上109頁）。

　　「うまき物くわまほしく，よききぬきまわほしく，よき家にすままほしく，たからえまほしく，いのちながかれまほしくするのは，みな人の眞心也」（同176頁）

日本では本心を隠して，密かに努力することが大切である，またライバルと表だって競いこれを蹴落とすのは好ましい行いではない，自然に地位が得られればそれが良いという考え方である。勝者が獲物を一網打尽にする，Winner-take-all の考え方は日本の社会では尊敬されないどころか，はした

また日本の人間関係で近代化されていない点として,「義理」による社会的約束を挙げている。

　「いうまでもなく資本主義社会で人間と人間との関係をコントロールする約束は,権利の裏づけを持つ義務である。日本では,この近代的な義務と封建的な義理との2つが微妙にからみあって,人間関係を複雑にしている。」(南博 (1953) 186-187 頁)。

そうした人間関係が一般的に広がると「世間」になり,その世間への義理が「世間体」というわけである。日本人は「世間」から何らかの恩恵を受けて暮らしているので,「世間」への義理を守ることにより世間に対して奉仕しながら生活することが暗黙に求められているのである。南博によると「世間」とは漠然とした「周囲」のことであるとしている（南博 (1953) 196-197 頁)。

こうした義理人情を打破して新しい人間関係（例えば合理主義）を作ろうとする流れもあるが,必ずしも賛同を得て成功している訳ではない。日本人の人間関係はすき通った空気の中で,1対1の個人として向き合い,交渉することを妨げるものがあり,「割り切れないもの」「理屈ではいかないもの」がもやもやとその間に立ちはだかっていると指摘している（南博 (1953) 212 頁)。

日本史家の家永三郎は『日本道徳思想史』(1954)において,徳川時代の町人の考え方を「利得」を図ることが本質であり,それは彼らの誇りともなり広く意識されていたが,それはあくまで封建秩序の中で維持されるに止まるものであったという。従って自己一身や一門の繁栄を願うものであり,「利に利を重ねて資本を増大し,事業を拡張しようといった積極的な考え方はほとんど見出されなかった。……かれらの営利は,……社会的な富の蓄積,産業の開発を少しでも念願するものではなかった。」(家永三郎 (1954)

183-184 頁)。

　こうした町人精神は明治維新を経ても長く道徳思想としてそのなごりを社会の意識の中に残していると指摘している（家永三郎（1954）203-206 頁）。

　もう1人やや文学的な視点からであるが評論家山本七平は『空気の研究』(1983)でわが国の集団には特有の「空気」があることを指摘し論じている。

　最近の若者言葉でKYという言葉があるそうだが，「空気が読めない人」のことを指す略語のようだ。仲間でKYと陰で名指しされると，顰蹙を受けるだけなら良いのだが，時として仲間はずれ，いじめにも繋がることもあるという。つまり言葉や明示的なルールではない仲間内の「空気」という一種の規範に違反する，あるいはもっと進んで仲間の1人がある人をKYであると断定するだけで排除されることもあるという。日本社会特有の「空気」を表だって論じたのは山本七平が嚆矢となる。

　「「空気」とは何であろうか。それは非常に強固でほぼ絶対的な支配力をもつ「判断基準」であり，それに抵抗する者を異端として，「抗空気罪」として社会的に葬るほどの力をもつ超能力であることは明らかである。……われわれは常に，論理的判断の基準と空気的判断の基準という一種の二重基準（ダブルスタンダード）のもとに生きているわけである。」(山本七平（1983）22 頁)。

　山本七平が『空気の研究』で具体例（海軍での出撃判断，公害問題など）を挙げて解説している日本社会に存在する特有の空気は，デモーニッシュな集団心理に近いもののようである。その一例として内村鑑三の不敬事件（第一高等学校の教員だった内村が教育勅語の天皇の署名に最敬礼をしなかったという教員・生徒からの告発で辞職に追い込まれた）に関して次のように述べている。

　「この事件が"学生運動"に屈した学校当局の超法規的処理であること

を示している。と同時に，明治啓蒙主義は，結局新しい「不動明王の神符（筆者注，教育勅語のこと）」「水天宮の影像（同，天皇の御真影のこと）」には全く無力であり，それらが法律以上の力をもち，それへの感情移入を絶対化した臨場感が醸成する"空気"という呪縛は，人びとを狂乱（エクスタシー）状態に陥れ，「モッブ然」としても，不問に付せざるを得ないだけでなく，その対象とされた人間からあらゆる法を剥奪し，本人に餓死を覚悟させるほどに徹底的なことを示している。」（山本七平（1983）61頁）。

さらに山本はその著書『日本資本主義の精神』で，日本には独自の社会構造，経済人の精神構造があるという日本的資本主義の特殊性を論じている。日本の会社は前述の「空気」を内包した共同体という顔と「株式会社」という機能集団の顔が二重構造となっていると述べている。

「機能集団が同時に共同体であり，機能集団における「功」が共同体における秩序へ転化するという形である。そして，全体的に見れば，機能集団は共同体に転化してはじめて機能しうるものであり，このことはまた，集団がなんらかの必要に応じて機能すれば，それはすぐさま共同体に転化することを意味しているであろう。」（山本七平（1997）36頁）。

またその共同体は形式的な「擬似の血縁社会」であって，契約により成立した「地縁社会」という共同体を持たないものだという。社員となり会社という共同体に属するということは，擬似的な血縁に連なるものであり，その共同体の名誉を汚したものは当然のことながら追放になっても仕方がない。
　つまり山本七平によると日本的資本主義は，外形的には普遍的な利益追求機能の裏に，日本独特の共同体や社会秩序という「見えざる原則」が働くという特徴を持つものと指摘している。
　起業に限らず，日本の社会において新たに事を為すためにはその時代の風

潮，特に山本七平のいう共同体の「空気」を読むことが極めて大切である。この感覚が不足している者は，いかに傑出した起業家であっても，社会的尊敬あるいは社会的認知を得ることはほぼ困難である。時に珍しがられ，また煽てられるが，結局社会から些細なことから指弾を受けるのが関の山である。わが国では法律に触れ処罰されることとは別に社会的風潮に抹殺されるという処罰がある。人気タレントが大した理由もなしに突然干されてしまいひっそりと引退するということを見かけるのも恐らくこの例なのだろう。

　自然人の資質の議論と単純に比較することはおかしいが，ビジネスの世界でも似たようなことが起こる。ビジネスとは一言でいうと様々な経営資源を活用して効率的に新しい価値を生み出す仕組みのことであり，今日のグローバル経済の中ではその仕組み自体は合理性を貫徹するという意味では議論の余地を挟まないものと言えるが，それでも一国の文化，価値規範の洗礼を受けて初めてその存在が認められるところがあることも事実として大きい。東インド会社は王室の勅許に基づいて存在が認められたが，現代はそのようなことはなく，わが国でも手続きさえ踏めば，設立は自由で資本金もほとんど必要がなくなっている。ところがその存在が，ひとたび株式公開をしようとすると，社会に認知されるために暗黙の手続きや通過儀礼が立ちはだかる。社会的公器，社会的責任，社会的義務，企業市民として妥当かどうかなどが次々と問われてくる。

　経済事件も検察が捜査に着手するのは告訴もあるが，多くは告発，マスコミ報道などが発端であり，法令違反の確定以前に「世間」の代表としてのマスコミの判断を端緒として始まり，その後に犯罪要件が構成されていくことが多い。このため現実問題として不可思議に思うのは，ほぼ同種の経済行為であっても事件として受理されるかどうかはわからないことである。交通違反なら現行犯であるかどうかが決め手になることは理解できるが，情報が公開されて，社会に共有されている市場でこうしたことが起きるのは公平感に欠けることと感じられる。

　思想家内田樹も山本七平に通じる日本人論を展開している。内田樹による

とわが国は独自の「理想」や「模範」をもたず，常に自らはそこから離れ格差がある辺境の国であると考える傾向にある。そのモデルはもっぱら他の国に求め，地道に努力して追いつくことだけを是としているという。

「外部のどこかに，世界の中心たる「絶対的価値体」がある。それにどうしたら近づけるか，どうすれば遠のくのか，専らその距離の意識に基づいて思考と行動が決定されている。」（内田樹（2009）『日本辺境論』44頁）。

従って自分独自の基準，理念がないことから流されやすくなるという。また問題なのは論理や実証より日ごろコミュニケーションしている仲間の意見，趨勢が決したことを重視し，それの空気を受け入れる傾向が強いという。

「場の空気が醸成されると誰も反対しない。おのれの固有名を賭けて全体の趨勢に反対する人間が出てこない。この不和雷同体質が集団の合意形成を早め，それが集眉の危機的状況への対処を可能にした」（同50頁）。

この結果として行動することは早いが，それは自分で十分考え得心して決したものではない。往々にして，誰も考えず議論を決することなく，場の雰囲気に流れ多くのメンバーの不本意な方向に結論が決まるという危険すらあるという。

文部科学行政の経験が長い地域地理学者の岡本薫によると日本人はルールで判断するよりも，日本的モラリズムで考え，判断することが多いと指摘している。日本的モラリズムとは多様な存在を尊重し，認め合うよりも，同質性と同じモラル感覚を共有する「世間」の仲間同士ではお互いに分かり合えるはずという前提に立つ世界だという。ここでは「世間」のモラル基準を守っている限りは「和」が重視されて「優しい人間関係」が維持されるが，

一旦モラル基準を逸脱したものに対しては，民主的に定めたものではないところの世間的な「超ルール的正義」が発動され，社会的な圧力や制裁が加えられ，時には異端者として排除されることもあるという。

　岡本によると「自由と民主主義」とは，「人の内心・行動はすべて原則として自由」だが，「行動について全員を拘束するルールが必要な場合は民主的に定める」ということである。個性化・多様化を許容しつつ最低限のことについては民主的に決定した透明なルールを遵守するということであるという。従ってこうした西欧の文化を背景・前提として創造された「自由と民主主義」は，「全員一律」の原則を前提とする日本的なモラリズムには本来的になじまないという。更に日本のビジネスの世界では奇妙な事が生じることになる。

　「利害の対立という多様性を前提として，ルールに従って利潤を追求するというビジネスの世界に生きる人々までが，「日本的モラリズム」にどっぷりと浸かってしまっているため，外国のビジネスマンの多くが，「日本ではルールが機能しておらず，日本人だけが分かる慣習でビジネスが行われている。また，何をしたら社会的非難を浴びるかも分からないので，市場に入っていけない」と言っている。」（岡本薫（2009）39頁，48頁，99-100頁，208頁他）。

5.「世間」の発見，阿部謹也の研究

　「空気」という日本的意思決定の背後にある漠とした存在，倫理思想についてみてきたが，もう少し具体性のある日本の集団，人間関係性について体系的に追及した研究をみていきたい。西洋社会史学者の阿部謹也は，日ごろ意識に上らないものの，日本人が深く係わって生きている人間関係として「世間」を発見し詳細に論じている。

　日本では個人が厳密には確立していなく，「世間」を背負って生きざるを得ない。「世間とは個人と個人を結ぶ関係の環」で，社会よりも狭い概念で交際の範囲というものに近いという。この絆は自らつくるものではなく，自然

5. 「世間」の発見，阿部謹也の研究　111

に存在しているものである。つまり，入会の手続きを経て入るものというよりは，自然に世間の構成員に認められて属するものと言える。阿部によると世間には形のあるものと，形のないものがあるという。前者には，同窓会，会社・政党内の派閥，文壇，スポーツや趣味の会，学会などある。後者の形を持たない世間の例では，隣近所，年賀状交換だけの関係にある者などであるという（阿部謹也（1995）16-17頁）。

「日本で用いられている個人という言葉の実質的な内容は欧米のそれとは決定的に異なっており，……日本には「世間」という人と人の絆があり，その「世間」が個人を拘束しているからである。私たちは自分の意見を積極的に述べることは得意ではない。特に全体の意見とは異なる自分の意見を述べることには消極的である。なぜなら「世間」の中では目立たないことが大切であり，控えめな態度が求められているからである。服装も態度も「世間」とあわせなければならない。言葉では個性的な生き方は求められていても，現実には顰蹙を買うのである。周囲にあわせて生きていく生き方が私たちには求められている。」（阿部謹也（2004）5頁）。

この「世間」は明治の日本の近代化においても継続されることとなった。個人でも社会でもない古い人間関係が，内側に残ったまま，ダブルスタンダードの社会として近代化してきたのである。

この世間に属している構成員は「世間の掟」を破ると，締め付けが起きる，時としてその「世間」から排斥，追放され，敬称すらも奪われてしまうという強制力も持っている。この例として，阿部謹也は平塚らいてうが心中未遂事件を契機として母校日本女子大学同窓会から除名された例を紹介している（阿部謹也（1995）18-19頁）。

「世間の掟」として阿部謹也は，「長幼の序」と「贈与・互酬」と「共通の時間意識」の3つの原理を具体的に挙げているが，実際これらの原理が守るものは，「世間」という集団の「名誉」，「自尊心」や「信用」，「伝統」，「礼

儀」と言った無形の価値を守ることではないかと思われる。何らかの守るべき価値が「世間」にあるから，構成員はその「世間の掟」に従うのである。これに4つ目の原理を加えるとしたら「信用の維持」だと思われる。世間という集団の信用の維持のためには，突出した考えや，秩序を乱すような振舞いは禁じられる[12]。同質的な考え，満場一致の意見の集約が必要なのである。

　近代の都市生活では，村から出てきた人々が，会社や役所など「職場」という利害を契機として意図的に組織された集団に属する。しかしそれだけでは「群衆の中の孤独」に陥ることになる，満たされない思いを埋めるものが，様々な「世間」なのである[13]。「地域」「出身県」「学校」「趣味」「父母会」などをきっかけにそれらは生まれてくる。社会学者クーリ，C. H. はこれらメンバー相互が直接面識を持つ集団を第一次集団と呼んだが，「世間」もこれに近い。第一次集団では，「伝統，習俗，ゴシップ，嘲笑，非難などのようなインフォーマルな，非制度的な統制手段が非常に有効であり，法の役割りはそれだけ軽いのが普通である。」（碧海純一（1967）115頁）。

　失敗することは自分にとって恥，自責の念を生じさせ，また「世間」に顔向けできないことだからである。ムラ社会では，失敗しても，村八分になっても土地から離れることは出来ないのである。同じ場所に過ごしながら，「世間」から排斥されるのは，精神的救済のない一種の地獄かも知れない。

　もちろんこうした「世間」も急速に変化しているものと思われる。核家族化，単身世帯の増加により，一番身近な家族という「世間」は形を変え，事実上崩れてきている。しかしビジネスの世界，会社の中や企業間関係においては，依然として残っている，あるいはうまく残っている？ようにも見られる。インフォーマルな人間関係と，フォーマルな人間関係が，時に重なり合いながら会社組織や，会社間の付き合いが円滑に進んでいくのである。会社の同期入社の会，女子会の集まり，社外人脈を作る会，社会人ビジネススクールの同窓会などという「世間」は今も厳然として存在している[14]。

　それは成果主義やグローバル化にも原因があるという。確かに未来に対し

てなんら経済的なメリットのない，あるいは互酬が期待できない「世間」は拒否するのは当然の成り行きかもしれない。「世間」による評価について，阿部は「日本の「世間」は独自の客観的評価システムをもっていない。「世間」がもっているのは主観的な好き嫌いの感情である。」とまで言い切っている（阿部謹也（2004）137頁）。

　合理的に理解できる理屈で好悪の判断が出ているのならまだ納得も出来ようが，感情や感覚による評価ということになると手に余るものがある。特にビジネスの世界では現実の経営者に対しては業績や成果で判断すべきものであって，仮にも好悪の感情で評価すべきものではあるまい。もちろん近代的な組織の決定が，全て「世間」で決まるわけではないが，しばしば人事などにおいて「世間」の推薦や承認が重要な役割を果たしていることは，多くの組織人が日々感じているところであろう。

　「この「世間」は差別的で排他的な性格を持っている。仲間以外の者に対しては厳しいのである。……しかも「世間」には序列があり，その序列を守らない者は厳しい対応を受ける。それは表だっての処遇ではないが，隠微な形で排除される。」（阿部謹也（2001）151頁）。

6. ライブドア事件と「世間」

　堀江貴文の身形は，いつもカジュアルなパーカーとTシャツ姿でマスコミに登場していた。ニッポン放送株争奪騒動の後，2006年4月18日のフジサンケイグループとの和解共同記者会見でも会長以下3人の経営者が背広の中，堀江貴文のみ1人がこの姿であったのは印象的であった。一方2012年5月に米ナスダック市場に上場したFacebookの若き経営者マーク・ザッカーバーグもいつもフード付きのパーカーを着ており，株式上場のオープニングベルを鳴らした時もそうであったが，それが彼のスタイルとなっており批判はゼロとは言えないが日本のように社会から指弾されることはない。

　しかし日本の「世間」の見方では，汚い普段着姿の若者が無茶な行動ばか

りして，それが「資本主義」の殿堂である株式上場市場にまで入りこんできたとなってしまう。この点についてニッポン放送買収騒動の最中に海外メディアは，堀江貴文に対して次のようにコメントしていたのは要を得ている。

「その振る舞いに眉をひそめる日本の経済人が少なくないのはなぜか。英フィナンシャル・タイムズ紙によれば，堀江氏は伝統的なビジネスエリートが嫌うすべてを備えている。「若く，生意気で，だらしない服装。短気で野望を隠そうともしない」」（朝日新聞2005年3月30日朝刊，15頁）。

ちなみに2004年11月に楽天がライブドアに競り勝ちプロ野球球団参入になった際の勝ち名乗りの記者会見において，社長の三木谷浩史は当時蓄えていた髭も剃りダークスーツにネクタイを締め，いわゆるエスタブリッシュメントな経営人の姿で登場していた。「世間」の礼儀，基準に照らして自らを修正しているのである[15]。

三木谷浩史は，堀江貴文と異なり学卒後7年弱大手銀行に勤務しており，ビジネス界やマスコミという「世間」の礼儀を節目節目で演じることが身についていたというべきだろう。「世間」は安心して，尖ったイノベーター（革新者）よりこのスマートな世間の常識をわきまえた若手経営者を歓迎したのである。これは経済学者シュンペーターの言葉を借りると，「先駆者」は「追随者」のために障害を取り除いた例そのままといえよう（シュンペーター, J., 塩野谷他訳（1977）下巻，220頁）。

堀江貴文は2006年4月28日東京拘置所から一時保釈された際に，詰めかけた報道陣に向かって「世間をお騒がせし，申し訳ございませんでした」と語ったという。罪は認めていないが，「世間」を騒がせたことを謝罪しているのである。彼自身は日頃より「世間」の目など気にしていない言動をしていたが，もう少し前に日本的「世間」の倫理を少し理解し行動していたら，

彼の評価も変わり，その結果彼のビジネスは違った展開になり，さらに日本経済の方向すら変化していたのではないかと推察するのは無理なことであろうか。

しかし問題は新しいビジネスが次々と生まれる時代に，あるいは生み出さないといけない時代に，こうした古い「世間」が堅固に残っていることが果たして良いのだろうか。ビジネスという弱肉強食の世界に参入したばかりのベンチャー企業に，最初から礼節や正義ばかりを求めても詮のない話のように思われる。ケインズの言った「アニマルスピリット」が発揮できなくなり，結局何も生まれない世界になってしまう。

「世間は個人が突出することを好まない。全体としてことなかれの体質をもっている」(阿部謹也（2004）201頁)。

「「世間」の中では個性的な生き方はできない。常に「世間」の枠を意識していなければならないからである。1人1人がこのように「世間」の掟を意識しなければならないため，1人1人は緊張して生きている。私たちはこのように緊張を強いる「世間」に対して敵対的意識を持つことはできない」(阿部謹也（2001）152頁)。

前に引用した統計数理研究所の「日本人の国民性調査　第12次調査2008年」には，次のような質問項目がある。

「あなたは，自分が正しいと思えば世のしきたりに反しても，それをおし通すべきだと思いますか，それとも世間のしきたりに，従った方がまちがいないと思いますか？」

これに対する答えは，「おし通す」が21%となり時系列でみるとかなり低下傾向，「従う」は37%と調査年により上下はあるがやや増加，残余のカテ

ゴリー的な選択肢である「場合による」40％となっている。間違っていたとしても「世間のしきたり」に公然と立ち向かうタイプは少ないことがわかる。慎重に状況を見極め，波風が起こりそうな場合は，不本意でも従っておくこと，長いものには巻かれていくというのがわが国の「世間」の生き方として最適であるという姿勢がやはり主流である。

　宗教学者の阿満利麿は，ムラ社会の日常生活を平穏に営む原理として，物質上の「平等化」，感情の「平衡化」であると指摘している（阿満利麿（1996）151頁）。また作家のきだみのるは，戦中，戦後に東京の恩方村（現在の八王子市西部）の小集落に長く暮らし村の暮らしについてルポルタージュを書いているが，その中で「部落の住民は公平，衡平，平等などについては意外に敏感で，伝統はそれを実現するため人知のすべてを盛り込んだ形跡があり，それでもなお人間そのものの条件である不完全さのため，精神の要求する完全な公平が実現できず，それによって起こる不満羨望をとり除くためにもこれまた人知のすべてをつくしている。」として，村人たちの薪の公平な分け方について驚きをもって詳細に記している（きだみのる（1967）65-69頁）。

　しかし村の中で競争がなかったのかというとそのようなことはない。静かに競争意識を燃やしている村人の本音を次のように記録し書いている。

　「狭い土地に縛りつけられ，どこにも行けず代々この土地で暮らして，お互いに他人をひんむき他人を凌ごうと油断なくやってきたんだ」（きだみのる（1967）98頁）。

　きだみのるの観察によると，表だっての争いを避け，「村の恥を外にさらす」ことをひたすら避けて生きていくことが合理的なのである。また特徴的なことは一歩村を出ると村同志では，境界争い，競争の原理は生きていたと指摘している。

　大塚久雄はウェーバーによる近代資本主義以前の共同体における経済と倫

理の二重構造について次のように解説している。

「「内部経済」すなわち共同体内部の経済生活においては，その始めから，「伝統主義」とでも呼ぶ倫理が支配している。「すべての倫理とそれから帰結する経済関係の最初にあるものは伝統主義，つまり伝統の聖化，行為と経済の目標をひたすら祖先から伝承されたままにおこうとすることである。これは現代までその尾を引いている。」ところが，「外部経済」すなわち，そうした共同体の外部にある人々を相手にするような経済行為においては，……それとは逆に「無拘束な営利活動」が支配してきた。」（大塚久雄（1985）174-178頁）。

こうした共存が完全に解消され，近代の資本主義社会と市民倫理が確立したのが，禁欲的プロテスタンティズムの信仰が支配する近世初期ヨーロッパであるという。

7. イノベーションと両立しない「世間」

堀江貴文などベンチャー起業家が手がける新しいビジネス自体は，シュンペーターのいう「新結合」，イノベーションを具体化している。すなわち今までないビジネスの発想，あるいは今までのやり方をかなり変えたり，壊すことから出てくるビジネス機会をとることである[16]。そうした発想がないと，既存のビジネスの弱点や隘路を乗り越えていけないし，成長機会を取り込めないものである。「世間」という守りの倫理と変化や変革，破壊を身上とするビジネスイノベーション自体両立が難しく，両立を目指すことが論理矛盾しているということすら言える。

そもそも実態がなく形もない「世間」をなくすということは出来ないだろうが，古い「世間」が全面に出てきて，革新者に暗黙の規範を押しつけていては，経済社会は変わらないように思われる。

もっとも，ビジネスの世界であっても，日本の場合は「世間」の中にあ

る。最低限の礼節は必要であろう。日本の言葉と世間について，劇作家・演出家の鴻上尚史は次のように述べている。

「日本語は，……相手との関係が決まらないと発言できない言語です。日本語は「世間」と共に生きている言語なのです。」(鴻上尚史（2009）226頁）。

ビジネスでも，日本ではセールスに対して決して「NO」と言わないで「まあ検討しておきます」と関係を維持していこうという姿勢を皮一枚残しておこうとする。ビジネスの世界も広いようで「狭い世間」であり，後々何か起きるかわからない。今の時点で決定的な態度表明により関係を壊すことはないということで，曖昧な判断のまま留保する。受け取った相手も，「時間がかかりそうだ」「NOではないが，可能性はかなり低い」と自社内で曖昧な報告ができ，営業マンとして立つ瀬がわずかに残るのである。

堀江貴文が裁判の被告人尋問に対して，しばしば「ため口」や情動に流された発言をしたり，ニッポン放送買収時のマスコミとのやり取りで「想定内」などを連発してゲーム感覚で企業買収の記者会見に臨んでいた。堀江自身メール世代とはいえ，ビジネスという「世間」内で自分を表現することに不慣れで，非難を浴びそうな自分の発言にも気付くことなく驚くほど無防備であった。「世間」受けしない不器用さを感じ，起業家として鋭敏な資質を持ちながら日本社会の古い形質からは全く評価を受けなかったことは残念に思われる。

かつてあるITベンチャー企業の株式上場記念パーティーに出席しことがある。このときに経営者の挨拶後の，来賓はメイン銀行（子会社のベンチャーキャピタルで出資）の担当役員，かつて勤務した会社の上司，出身地選出の国会議員，出身大学の指導教授，親族代表の地元経営者という人達で構成されていた。「世間」のような古い頸木とは無関係にみえるITベンチャー企業の若手経営者も，けじめを付けるには彼を取り巻く「世間」を招

き祝辞をもらう必要がある。それは「世間」からの承認を得る手続き，通過儀礼なのであろう。日本では形だけでも「世間」に感謝しつつ，上場企業として「世間」に船出していかねばならないのである。

8.「世間」の倫理とは何か，日本のビジネス界における「世間」の倫理

　結局のところ「世間」の倫理とは何だろうか。ここでは起業の観点から考えてみたい。

　日本では私学より官学出身者，民間よりも役所，サービス業よりも製造業，軽薄短小より重厚長大の産業が良いという価値判断，序列が厳然として存在するようである。例えば政府の起業政策でも製造業志向が強くなっている。一時大学発ベンチャー企業の振興と称して，バイオテクノロジーに肩入れしたことがある。しかし今日経済自体がソフト化しているのに，技術系のものづくりだけに拘っていては限界がある。外食，農業，観光産業でもイノベーションは存在している。新規の雇用効果を考えれば，むしろ後者の方が早くて，インパクトが大きいことは明白である。

　起業に成功して富の差が出来る。日本の「世間」は機会の平等はあきらめることもあるが，結果の平等には拘ることころが強い。

　法学者の佐藤直樹は次のように指摘している。

　「「世間」には経済的なものをはじめとして格差が厳然として存在する。しかも，「身分制」という「世間」のルールも存在する。そのために，「世間」はロコツな格差や競争は隠蔽しようとする。しかし意識としての人間平等主義と，現実としての「身分」（格差）との間に「ねじれ」が生じ，そこから独特の「妬み」の意識が発生する。」（佐藤直樹（2011）63頁）。

　日本のビジネス世界で，「世間」が未だに残っているのはどうしてだろうか。「世間」の中にいれば，その構成員同志は過度な競争を防ぎ，秩序を

守った「ほど良い距離感のある競争」が実現できるからであろう。株式市場や金融・為替市場を除けば，全く同じモノやサービスを売買しているわけではない。似たようなものをそれぞれの顧客層を持ち，売買しているのが普通である。相手が倒れるまで価格競争する世界は日本では余りなじまない。今はまだ1億2千万人の内国市場と，家計の金融資産残高1598兆円（2013年9月末），対外純資産額296兆円（2012年末）などの裏付けがあるという余裕がその特殊な競争を許容しているのだろうか。少なくとも貪欲な資本主義精神むき出しの市場競争ではなく，「世間」が見える範囲での「秩序」ある競争が日本の「世間」基準では好ましいと思われているのである。

　また市場への新規参入について良く耳にする話だが，ベンチャー企業がその新製品やサービスを大企業に売り込みにいくと，門前払いをされて相手にすらされないという。「当社に口座を作ってから出直してください。」と言われるらしい。つまりもともと実績のない新参者には口座を開くことは出来ないので，企業という「世間」への入口がないのである。関西の古都などでは御茶屋同様にビジネスの世界においても一見さんお断りと聞く。これも歴史のある国ならではの例と言えるのかも知れないが，アメリカではこうしたことはない。良い製品なら初対面でも面会し検討してくれるという。IBMやアップルが遠路遥々，日本の中小企業を直接訪ねて来てその部品を指名買いしてくれたという例は聞くが，逆の話はもちろん寡聞にして知らない。

　現代の市場は「バザール」のようなものでないことは理解できるが，日本では「世間」に入れてもらえないと「経済取引」にすら参加出来ないというのでは，良い物や新しいサービスの発想が市場で認められる機会すら与えられないことになる。「系列」取引など日本型資本主義の研究が多々なされてきて，もちろんその良さ，効率性も認められているが，ある意味では自由ではない競争が未だに存在していることも事実である。

　日本の経済界の一番大きな「世間」と言えば，経営者が所属する日本経済団体連合会（Japan Business Federation）がある。この団体は「経済界の利益を政治的アリーナで実現しようとする集団」（川北隆雄（2011）19頁）で

あり，その会長・副会長の出身企業は日本を代表する大企業ばかりで，しかも重厚長大の財閥系製造業，金融・商社，元の公社など社会的影響力の大きい会社から成っている。会員企業名は公表されていないが大企業を中心として約1300程度と言われている。この団体には評議員，理事といったポストがありそれぞれ500人以上いるという。またその活動により高いランクの叙勲が与えられると言われる。日本経団連の役割は政府に対する政策提言や企業関連の調査，民間経済外交，企業行動憲章などの経済界としての規律づくりなどを行う。ライブドアも家宅捜査を受ける前年秋に当時の会長からも歓迎され入会を許可されたばかりであり，その後しばらくしてひっそりと退会勧告がなされた。なおソフトバンクはライブドア強制捜査の翌日に経団連に入会している。同じベンチャー企業でも彼我の差は大きい。

経団連は一見企業経営者たちで構成される「結社」の組織のようだが，内実は法人会員，団体会員からなる企業団体である。会員除名は，会の規則違反か，名誉を傷つけ又は目的に反する行為をした時としか規定されていない。大企業の大半が加入できる名誉を重んじる日本的な「世間」である。

楽天の三木谷浩史はある対談で2011年に経団連を辞めた理由として，経団連が現状を革新することより保守的な体質を持つ組織ではないかと指摘していた[17]。またソフトバンクの孫正義もエネルギー政策を巡って経団連の方針を公然と批判した。

このように今は「世間」が認める若手経営者からも，守りが主になっている古い「世間」自身の体質が批判を受けるようになってきている。経済界代

図表12　日本のビジネスにおける「世間」

	経営者団体	業界団体	異業種交流会	同窓会
長幼の序列	企業規模，業歴の古さ，経営者の年齢，学歴	企業規模，業歴の古さ，経営者の年齢	入会順，年齢	卒業年次序列
贈与・互酬の原理	表面的にはない	法律に触れない範囲であり	ややあり	あり
共通の時間意識	やや強い	強い	ややあり	かなり強い
信用の維持	強い	強い	ほとんどない	かなり強い

注）筆者作成。最左列の上位三項目は阿部謹也の指摘，信用の維持の項目のみ筆者が追加。

表の「世間」は経済のダイナミズムを維持できるように提言・行動する組織である必要がある。経団連は功成り名遂げた名士的な会社の集まりではなく，新興企業をどんどん取り込みそれらに対して実質的に教育的な機能を果たすべき結社とならないと本来の社会的機能を果たせないと考える。

　経営学者のドラッカーは，大企業とベンチャー企業の合弁事業がほとんど成功しないことに触れて次のように述べている。「ベンチャーの企業家は官僚的，形式的，保守的な大企業の原則，ルール，文化に息を詰まらせる。彼らのパートナーとなった大企業の人間もベンチャーの企業家の行うことが理解できない。彼らが規律に欠け，粗野で，夢想家に見える。」（ドラッカー，P. F., 上田惇生訳（2007）204-205頁）。

9. 起業家の倫理，アメリカと日本

　ウェーバーの指摘したのはある時代において多くの企業家や個人にとり「宗教」が「経済」活動の強い動機，支えになったことであるが，日本の「世間」は「経済」活動の動機，支えではない。むしろ企業家が手がける「経済」活動や彼の行いの成功・失敗を背後で見つめ，時に介入したり，陰から評価を決める存在という面が強い。あるいは陰の監視者，市場取引に関する裁定者の集団ともみられる。

　図表13は，日本の「世間」とアメリカの「宗教」と経済活動の関係を簡単に図表化したものである。アメリカでは，自律した個々人が神とそれぞれ直接契約を結び，その信仰に応えるために禁欲的な経済活動に従事していく精神構造となっている。「宗教」が本来の心の領域を越えて，日常の経済活動のポジティブな動機に変化している。一方日本では自律しているようで，個々人は「世間」という明確でない複数の集団に取り込まれていて，真の意味で精神的自律は許されていない。「世間」は助けてくれる時もあるが，時として明確な理由なしに個人に制裁を加えるよう動くこともある。「世間」は経済活動のポジティブな動機ではなく，しばしば典型的には経済活動の動機を減殺するネガティブな圧力として現れることが多い。日本の個人は精

図表13　信仰と経済　アメリカと日本

ピュリタニズムの倫理と経済の関係

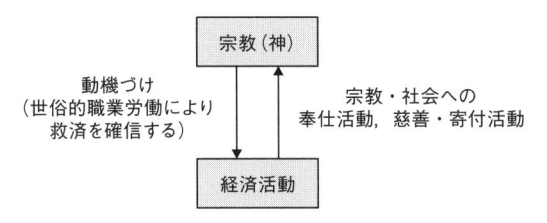

```
            宗教（神）
              ↑↓
動機づけ              宗教・社会への
（世俗的職業労働により    奉仕活動，慈善・寄付活動
救済を確信する）
              ↑↓
           経済活動
```

日本的倫理と経済の世界

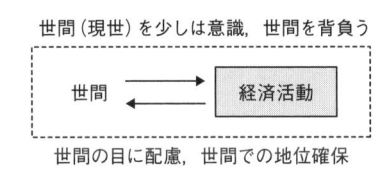

世間（現世）を少しは意識，世間を背負う

```
世間 ⇄ 経済活動
```

世間の目に配慮，世間での地位確保

出所）筆者作成。

神的な自律を期待されている訳ではなく，「世間」を意識してそれを背負って整然とかつ慎重に行動していかなければならない。

　本書の立場と同一ではないが，かつて経営史家のヒルシュマイアは明治時代の実業家すべてに一般化はできないと断りつつ，渋沢栄一とその門下の経営者の実業精神に対して次のような指摘をしている。

　　「西洋の資本主義は，究極的には個人主義であった。つまりその宗教的な是否も，個人の行動についてであって，個人の救済すなわち神と人間の問題の表明であった。渋沢の儒教の教義は，社会と人間，国家と人間とを強調し，公益に対する個人の服従を要求した。」（ヒルシュマイア，J., 土屋喬雄他訳（1965）172頁）。

　企業経営は，見識とリーダーシップのある経営者であっても不測の事態が起き危機に陥ることもある。その場合には日本の経営者は，とりあえず「世

間をお騒がせして申し訳ない」と言わなければ,「世間」から許されないのである。謝る態度が悪かったというだけでそれもまた社会的な非難を受けてしまう。

　最後になるが,全ての事を「世間」の所為だけにする訳にはいかない。起業家自身に自己を律するモラルは必要である。

　アダム・スミスは人が他人を思いやり,円滑に社会が成り立つような道徳,倫理的な感情,本来的に持つ利他感情について書いた『道徳感情論』において次のように述べている。

　　「自然の女神は,彼女が社会に適した人間を創り出したとき,人を喜ばせるという本源的な欲求と,その仲間の気分を害することに対する本源的な嫌悪を,人間に付与した。」(スミス,A.,高哲男訳(2013) 222頁)。

　そのためには,他人の尊敬を得,他人から軽蔑をされないよう「我々は,自分自身の特徴と行為の公平な観察者にならなければならない。」(スミス,A.,高哲男訳(2013) 218頁)。

　これは「世間」の目とは関係なしに,起業家が自己規律として常に留意すべきことである。

注

1　ウェーバーと同様の視点から日本の資本主義の精神の淵源を諸宗教,石門心学,「家」制度などに求める諸研究をサーベイし検討している文献に小笠原真(1994)がある。日本人の「家」に関する諸観念は資本主義の内面的・主体的推進力であったとしている(小笠原真(1994) 186頁)。
2　江戸から明治にかけて商人意識の変化について書いている宮本又次によると,いくつかの商家の事例でみても「……濃厚に江戸時代のままの商人意識が窺われるのである。幕末・御一新における世態の移り変わりにおいて彼等が不安を感じたことはもちろんであるが,といって新しい企業家意識に目ざめるまでには至っていなかったのである。……当時の商人意識には時代意識である奉公・体面・分限があまりにも拘束力を持ち過ぎており,こうした社会道徳の埒内で,それと結ばれた限りの算用・始末・才覚を許されたのみであった。一切の商行為はまだ道徳律に結びつけられていた。」(宮本又

次（1977）310頁）。
3　わが国の集団との関係，倫理的規律が近代化に貢献したことをアメリカの宗教社会学者のベラーは指摘している（ベラー，R. N., 池田昭訳（1996））。
4　日本人の宗教意識の調査によると特定の宗教団体に入っている人の割合は 6.8%，信仰のある人は 27.8% となっており，大多数は表面的には信仰心はもっていないと回答している。一方宗教行動としては，重複回答を許した割合でみると，初詣（72.2%），墓参り（80.1%），お守り・お札の携行（30.2%），神社仏閣への参拝（27.6%），祈願（28.8%），易・占い（10.4%），経典・聖書などを読む（7.6%），お勤め・ミサ・布教活動（4.1%）などとなっている（石井研士（2011）7-8, 11頁）。
5　ここでは日本では資本主義の核になる価値体系が存在していることは認めるものの，決して明確に把握できるものではないという立場である。これについての諸見解を整理した論文として小笠原真（1972）がある。
6　「「民族性」とは「過去と結びついた生存感覚」であるといわれているが，長い歴史の流れが作りあげてきた生活様式，美的感覚，食文化，リズム感などは，そう簡単に変化するものではない。」（森孝一（1996）248頁）。
7　明治以降の推移をみると，全人口に占める農家人口比率は日本の長期推計によると 1880年 81.56%，1900年 67.72%，1920年 54.13%，1940年 44.27%（梅村又次他（1988）84頁）。
8　福田アジオ「村の共同と秩序」塚本学編（1992）96-97頁。公儀の法と村の掟の関連については水本邦彦（1987）参照。
9　日本史家の山本博文（2003）は日本の道徳意識の基を形成したのは武士社会でありその世間の形成を歴史的に検討している。特に主君の死に殉死しなかった武士に対する陰口，嘲りに対して起きた諸事件を取り上げ，特に近世以降は社会が固定化する中で主君の特別の恩義により取り立てられた者に対する嫉妬から，落首や悪口によりこうした者への批判が広がるという武士社会の「世間」の構造を指摘している。「世間」は義理や面子が立つかどうかの判定者であったという。
10　宗教学者石井研士の調査によると，わが国で年齢別に「信仰心あり」と答える割合は，20歳台 11.5%，30歳台 15.7%，40歳台 22.5%，50歳台 29%，60歳以上 39.8% と，働き盛りの頃には，信仰への関心がかなり薄いが，年齢が高くなると急速に信仰心は上昇する（石井研士（2011）9頁）。
11　阿満利磨は 16 世紀の堺の日本人を観察したポルトガルの宣教師の次のような記録を紹介している。宣教師なのでバイアスは強いと思われるが，「彼等は殆ど皆死後一切終り，霊魂も又悦を感ずることを得べき何物も残らず，畜生の如く終了するものと信ずる故に，力の限り好きに生活をなさんと力む」（村上直次郎訳『耶蘇会士日本通信』下巻 207 頁，阿満利磨（1993）62頁より引用）。
12　統計数理研究所の 2008 年の「日本人の国民性調査」によると，「大切な道徳は何か」という問いに対して，重複回答を許しているが，「親孝行 76%」「恩返し 57%」が多く，「個人の権利尊重 27%」「自由尊重 36%」よりかなり高くなっている個人より第一次集団を重視している。
13　中村陽吉は社会心理学の観点から，日本人は初体験や不慣れな状況で周囲（「世間」）

126　第 4 章　日本的「世間」の倫理，起業に対する世論の見方

から排斥される恐怖が強いという研究があることを紹介している（中村陽吉（2011）89 頁）。

14　劇作家・演出家の鴻上尚史は会社という「世間」の崩壊とインターネットによる新しい強力な「世間」の出現を指摘している（鴻上尚史（2009）156-163 頁，198-199 頁）。

15　類似の指摘をしている記事がある。「グレーのスーツと白いシャツ，ネクタイに身を包んだ姿は，いつになく殊勝に見えた。5 月 28 日，ソーシャルゲームサイト「GREE」を運営するグリー社長の田中良和（35 歳）が都内の講演会場に姿を現した。公の場に出るのは，成長の原動力「コンプ（コンプリート）ガチャ」の廃止を決めて以来初めて。取材にも応じず，ひたすら沈黙してきた。無精ひげに T シャツと敗れたジーパン。ラフな"シリコンバレースタイル"が定番だが，居並ぶ大人の前では違った。」（日本経済新聞 2012 年 6 月 19 日朝刊，2 頁）。

16　シュンペーター, J. は資本主義が動態的に発展していく理由として，突発的に起きる経済の革新を重視した。これを担っているのは起業家であり，通常のマネジャーではない。彼のいう「新結合」つまりイノベーションの定義は次のようなものとなっている。（　）内は筆者が現代の言葉に翻案したものである（シュンペーター, J., 塩野谷祐一他訳（1977）上巻 183 頁）。

　1．新しい財貨，あるいは新しい品質の財貨の生産（新商品，新サービスの開発，品質向上）。

　2．新しい生産方法の導入，新しい商業的取り扱い（生産を自動化する。他国へ委託生産，一部アウトソーシングする。販売形態としてインターネット販売を用いるなど）。

　3．新しい市場，販路の開拓（新興市場の開拓，ニッチ市場の掘り起こし，異なる用途へ転用する）。

　4．原材料，半製品の新しい供給源の開拓（資源の調達先の多様化，代替資源へのシフト）。

　5．新しい組織の実現（独占と書いてあるが，現代に直すと提携，資本参加，合併など）。

17　三木谷浩史ら若手ベンチャー経営者が中心となり 2012 年 6 月に「新経済連盟（Japan Association of New Economy）」を立ち上げた（代表理事は三木谷浩史）。参加企業は IT 系のベンチャー企業が多く 700 社程度となり，その中には一部大手企業も含まれている。

第5章
アメリカにおける起業の捉え方

1. アメリカの宗教

　今日アメリカのビジネススクールで教えられている経営科目には必ず起業教育（アントレプレナーシップ）が入っている。その代表的テキスト[1]をみるとテキストの大半は起業についてのビジネスモデルの作成，マーケティング，資金調達方法，法律や税務の問題などについての技術論，知識が中心の内容になっている。起業家の決断については，外形的にどのような属性（家族，学歴，経歴，性格）の人が多いか，個人的な起業に至った事情（アイディア・発明の実現，昇進の見送り，解雇）にはどのようなことがあるかなどである。当然のことなのかも知れないが起業家の内発的な動機，心の問題は触れられていない。個人の人生観，価値観，意識に関するものであり一般論として論じにくい問題だからであろう。起業を決断したら，その後は成功に導くことは出来るということになるが，起業決断の動機こそ重要な問題があり，しかも表面的には隠れている意味をここでは知りたいのである。

　アメリカの経営学者シェーン, S. A. によると，起業家は一般人と異なる心理学的特徴（リスク許容度，社会的自信，不安の受容，新奇なものへの興味，役割期待，そして承認欲求など）を持っているという証拠はほとんどないという（シェーン, S. A., 谷口功一他訳（2011）70-71頁）見方もあるが，全ての一般人がリスクを背負う起業家になれないことも事実である。

　アメリカの起業家精神をみていく際にマックス・ウェーバーに従ってまずアメリカの宗教から復習うことにしてみたい。アメリカはなんといってもプ

ロテスタントの国である。プロテスタントだけと言い切ってよいかは語弊が生じるが信者数も多く，かつ信仰心についても篤いと言ってよいだろう。少なくとも日本のように数万年前から自然に定住してきた民にはない面を持っていることは確かである。アメリカ人には強い信仰心，宗教心を持ち，不退転の決意をして新大陸に移り自分達の国を一から作り上げてきたという自負がある。国づくりと新しい宗教の発展が同時に地理的，空間的に展開してアメリカという国が作られてきたことはその歴史から明らかである。宗教学者の井門富二夫によると「アメリカの植民地は，宗教改革（信仰上の自由を求める動き）と資本主義（自由な市場経済への原初的な動き）の理念を背景に，出発したといってよい。」（井門富二夫 (1992) 18頁）と述べている。

　本書の問題意識との関連で若干その宗教の歴史に触れておきたい[2]。

　当初の入植時の公認宗教は植民地政府が支援した英国国教会であった。しかし1620年のメイフラワー号によって東部に来た分離派ピューリタン（英国国教会から独立した教派）の移民をきっかけとして，次々と欧州から信仰の自由を求める新教徒が移り来て国を作り上げていったという歴史がある。またそれらを今日まで誇りとしてして保持している。それらの移民たちの現実は，経済的余裕がない者が多く渡航費用や新大陸での生活立ち上げのため資金を英国の商人たち（ピューリタンも含む）や開拓会社から多額の借金あるいは年季奉公で返済する契約をしていたため，その借入れ返済のためにも勤勉な努力が求められた。彼らにとって信仰の自由と経済（負債返済の義務）は生活を通じて表裏一体のものだったのである（保坂俊司 (2006) 43頁，ビァード，松本重治他訳 (1964) 26頁）。

　彼らが目指したのは国教会やカトリック教会という英国の国家宗教組織，ローマ教皇を頂点とする宗教権威を介した信仰ではなく，日々の勤労生活の中で神と個々人が直接結びつくという純粋で厳格な形の信仰であり，またその信仰を持つ家族同志がコミュニティ（タウン）単位で連帯していく社会づくりであった。カルヴァンの唱えた予定説という考えは，人が救済されるか否かは生まれて来る以前に神がすでに決めているというものである。つまり

人間は生まれながらに不平等なのである。人が唯一それを知るには、神から与えられた職業労働を禁欲的に励むことが出来ること、また世俗的な成功、それのみが救済を予定されている証になるという。救済されるかどうかわからないという身分の不安から逃れるため人は必至に努力し続けるよう動機づけられた。努力できる人、成功を収めた人は神から選ばれた人であるという証拠なのである。従って外部から強制されて働くのではなく、内発的な動機により熱心に世俗的な職業に取り組むようになり、ここに信仰が資本主義の初期のエンジンになりえるという仕掛けが生まれた。

　神の意志に従った国造り、聖書の教えを守る共同社会建設に努力することを召命と理解し、その中に神からの救いの確認を求めたのである。タウンには信徒が集会を持つために自分たちの教会があり、信徒がタウンの公民となり自治が行われた。1人1人が神と契約（コベナント）し、その契約した個々人が更に互いに神の前で契約して共同社会を自ら建設していく「教会契約」を採用するようになったのである。日本の村にも成文化された掟があったが、そこではそもそもその村をどのような理念で建設するか、それをまた村人全員の署名を持って確認するということではなかった。村では既存の慣行をただ受け入れていくことしかなかった。新しい国だからそのようなことが可能で必要だったのであろうが、その精神がアメリカの建国からの基本構造として存在しており、今も引き継がれている[3]。

　アメリカの宗教はピルグリム・ファーザーズ以来の様々な宗派（デノミネーション、教派とも訳す）を今日まで引き継ぎ、かつ新しい宗派も続々生まれ、それらが各々並立しているという多様性、信仰の自由がある。「デノミネーション」とは地縁的な基盤に基づく「教会」でもなく、信仰告白を第一義とする「セクト」でもなく、同じ宗教的目的をもつ個人からなる自発的共同体であり、国家から独立して自治を保つ「自由教会」の組織形態である（中野毅（1992）59頁、詳細な論考は、ミード, S. E.（1978）第7章、井門富二夫（1972）第3部第2章を参照のこと）。

　教会史家のミード, S. E. によると、デノミネーションの特徴として、非歴

史性，自主性，伝道事業，リバイバリズム（信仰復興運動），敬虔主義，宗派相互の競争を挙げており，19世紀の終わりごろまでに，プロテスタンティズムがアメリカの文化の面で極めて高い地位を占めるようになったとしている。

　それを許したのは多様な宗派が移民してきた為どの宗派も少数派であったこと，住む空間がアメリカに多く存在したため地理的制約を考えることなしに様々な宗派が棲み分けし存続出来たことである。そのうちに市民の条件としての宗派の拘束がなくなるという宗教的寛容さが生まれてきて，同じ地域で様々な宗派の市民が共存していくことになる。またそれは連邦憲法修正第1条において法的にも確定される。実際にはアメリカでは社会的地位の変化に合わせて宗派を転向するものも結構多く，宗派間の信者獲得競争も盛んになった。

　井門富二夫によると「自州を発展させるためには，あらゆる背景を持つ移民をよびよせなければならないという，彼らの世俗的関心のために，自然に内部からその（筆者注，特定の教派の）独裁をくずさざるを得ない事情が生じてくる。すなわち，自然的空間と移民の流入は，結局，さまざまな教派の並存と自由なる競争を保証することになっていった。」（井門富二夫（1969）316頁）。こうした多様な宗派の存在は，カソリックのように「教区」の中に生まれ落ちたと同時にその信者となり自分では選択の余地のない宗教組織と異なり，個々人が自分の考え方や目的に従って自由意志により選択する性格を持つ。また牧師も信徒が仲間の中から説教能力あるものを選ぶという信徒中心主義が採られている。更に教会の拡大のためには地域で待つのではなく主体的に伝道を行い，他の宗派と競いながら信者を勧誘する他はないということになる。まさに市場経済活動と同様に伝道の巧拙が自派の信者数の拡大に直結するのである。またその組織は「平等の資格を持つ信徒が，神に対する信仰において結合する「契約体」としての性格を持っている。……会員信徒の個人的寄金によって支えられ，その財政は全く国家とは関係がなくなる。こうしてこの契約体は同時にその世俗的存続のために，経営体とならね

ばならなくなる。」(井門富二夫 (1969) 331 頁)。

　更に規模が大きくなると，信徒に選ばれた（委託された）専門家が理事会を形成して，信徒の総意を受けて経営を預かることになる。これは見方によれば企業と似たマネジメント形態を備えた組織であり，継続する経営体のあり方といえる。このようにアメリカの宗教は，カソリック教会の聖職者のみから成る社団形態とは異なり，組織体としては世俗化（政教分離）がとられている。

　一方でそれら多様な宗派を許容しつつ１つの国家として統合していくために，包括する神への信仰で一致するという構えになっている。これらは「市民宗教」（ベラー，R. N.），「見えざる国教」（森孝一 (1996) 37-38 頁）とみなされており，明示的ではない包括的ともいえる宗教に基づき国が作られているという形をとっている。アメリカでは宗教自体が政治，社会の基礎として位置付けられている上に，日々の生活の動機に結びついているのである。

　「個人の宗教的信仰，礼拝，結社は厳格に私的な問題と考えられていても，同時にアメリカ人の大多数が共有している宗教的志向にはいくらかの共通要素がある。それは……今も政治の領域を含めたアメリカ生活の全枠組に宗教的次元を付与している。公的な宗教的次元は，私のいわゆるアメリカの市民宗教と呼ぶ一連の信仰，象徴，儀礼に表現されている。」(ベラー，R. N., 河合秀和訳 (1973) 348 頁)。

　「アメリカの市民宗教は決して反教権的でも戦闘的に世俗的でもなかった。逆に，それは宗教的伝統から選択的に借りて，平均的アメリカ人には両者の間の対立面が見えないようにした。こうして市民宗教は，教会と激しい闘争を交えることなくして国民的連帯の強力な象徴を築き上げ，国民的目標の達成のために深いレベルの個人的動機を動員することができたのである。」(ベラー，R. N., 河合秀和訳 (1973) 363 頁)。

前述の教会史家のミードもアメリカには 2 つの宗教があると言っている。1 つはデノミネーションの宗教であり，もう 1 つは民主主義に基づく社会や国家が持つ宗教であり，これらの構造は神の下にあるアメリカの宿命として表現されるものだという。

作家のハロラン芙美子は長いアメリカ生活から彼らの宗教意識について次のように述べている。

「それほどの宗教史の重みにもかかわらず，アメリカ人の表面の生活を見てもその宗教性がほとんど見えない。多くのアメリカ人自身が認めるが，日常の会話で宗教のことがほとんど口にされないのは，心の中がいくつもの仕切りに分かれ，宗教はその 1 つに用心深くしまいこまれているからである。誰かがその仕切りを開ける意図を持って質問しないかぎりは，その扉は閉じられている。日常生活ではあきれるほど単純軽薄な人が，思いがけない信仰の深さをもっていることもある。……キリスト教の影響が社会のすみずみまで及んでいるとはいえ，キリスト教すなわちアメリカ的価値観ではない。両者は重複しているが，同時に「アメリカ教」信仰がアメリカ人の人生を導いている。外国からの移民で成立しているアメリカでは，異なる人種民族と文化宗教が共存しているが，同時に二代，三代と経るにつれて（筆者注，宗教の）「主流」に入りだす。「主流」には建国精神への忠誠，民主主義の実践，憲法に明記された「幸福の追求」を権利とする信仰がある。つまり，移民や難民として新大陸にたどりついた人間にとっては，アメリカ人になる努力自体に宗教信仰がある。」（ハロラン芙美子（1998）292-293 頁）。

様々な宗派ないし教会間で信仰内容，教義の違いが表面化すれば宗教が本来的に持つ不寛容さが顔を出し対立は必至の情勢になるので，アメリカ人はキリスト教，ユダヤ教など聖書を聖典とする多数派宗教の纏まった国家であると理解し表面的に納めているのであろう。大統領の就任式もこの宗教

図表14　アメリカの宗教人口

推計（単位千人）

	1990年	シェア%	2001年	2008年	シェア%
全成年人口	175,440	100%	207,983	228,182	100%
キリスト教	151,225	86.2%	159,514	173,402	76.0%
カソリック	46,004	26.2%	50,873	57,199	25.1%
プロテスタント	105,221	60.0%	108,641	116,203	50.9%
バプテスト	33,964	19.4%	33,820	36,148	15.8%
特定の教会に属さないプロテスタント	17,214	9.8%	4,647	5,187	2.3%
メソジスト	14,174	8.1%	14,039	11,366	5.0%
ルーテル	9,110	5.2%	9,580	8,674	3.8%
特定の教会に属さないカソリック	8,073	4.6%	14,190	16,834	7.4%
プレスビテリアン/長老派	4,985	2.8%	5,596	4,723	2.1%
ペンテコステル	3,116	1.8%	4,407	5,416	2.4%
エピスコパリアン/聖公会	3,043	1.7%	3,451	2,405	1.1%
モルモン	2,487	1.4%	2,697	3,158	1.4%
チャーチオブクライスト	1,769	1.0%	2,593	1,921	0.8%
エホバの証人	1,381	0.8%	1,331	1,914	0.8%
セブンディアドベンティスト	668	0.4%	724	938	0.4%
アッセンブリーズオブゴッド	617	0.4%	1,105	810	0.4%
ホーリネス	610	0.3%	569	352	0.2%
コングレゲーショナル/キリスト合同協会	438	0.2%	1,378	736	0.3%
チャーチオブナザレ	549	0.3%	544	358	0.2%
チャーチオブゴッド	590	0.3%	943	663	0.3%
福音派エヴァンジェリカル	546	0.3%	1,088	2,154	0.9%
クリスチャンサイエンス	214	0.1%	194	339	0.1%
クエーカー	67	0.0%	217	130	0.1%
その他宗教合計	5,853	3.3%	7,740	8,796	3.9%
ユダヤ教	3,137	1.8%	2,837	2,680	1.2%
イスラム教	527	0.3%	1,104	1,349	0.6%
仏教	404	0.2%	1,082	1,189	0.5%
ユニテリアン	502	0.3%	629	586	0.3%
ヒンズー	227	0.1%	766	582	0.3%
無宗教等	14,331	8.2%	29,481	34,169	15.0%
無回答	4,031	2.3%	11,246	11,815	5.2%

出所）U.S. Census Bureau, *Statitical Abstract of the United States: 2012* より抜粋して筆者作成。

（神）の基に行われる儀式的行事の形をとっている。

　井門富二夫によるとアメリカでは「自然に「神」は，各教派のドグマや信条を越える究極なる神の概念に抽象化し，その概念を信じる（神との契約すなわちコベナントを結ぶ）ことは，同時にいかなる意味でもこの究極なる神の前では自由で平等である人の間で，人々の契約（コントラクト，典型的に

134　第5章　アメリカにおける起業の捉え方

は憲法）が成立し，かつ平等なる人々の国家が成立することになる。……「神の下の国家」イデオロギーの神は，教派的に目を通してみる信仰上の神というより，むしろアメリカ人にアメリカの自由で平等な市民と「なる」ための理想的シンボルと，みなした方がより妥当と言えるのではないか」と述べている（井門富二夫（1992）20-21頁）。

しかし今日ではカソリックの移民の増加などにより相対的にはカソリックの割合は増加傾向，プロテスタントは低下傾向にある。図表14にみられるように2008年の統計では，6割がプロテスタント（キリスト教新派も含む），2.5割がカソリック，1％がユダヤ教で，その他の宗教3％，無宗教15％，無回答5％となっている（Statitical Abstract of the United States: 2012）。

もちろん表面だけの信仰層，無宗教も増えている（地域では西部で比率が高い）が，神を信じる者は依然として9割おり，神が自分の生活に重要と考える者の割合も約8割強，礼拝出席率も約4割強とヨーロッパ（約1割）に比べても高くなっている。また個人による教会や宗教団体への寄付の割合は，全米平均で，年収の10％以上が16％，5-9％が13％，5％以下33％，しない者26％，無回答12％となっている（森孝 ・（1988）177頁）。

これは寄付税制の優遇（所得控除，上限所得

図表15　全国社寺教会等宗教団体・教師・信者数

平成21年12月31日現在

項目	宗教団体							宗教法人						教師					信者
	神社	寺院	教会	布教所	その他	計	神社	寺院	教会	布教所	その他	計	男(外国人)	男	女(外国人)	女	計(外国人)	計
総統系	81,317	77,552	32,851	23,400	7,160	222,280	81,179	76,041	23,260	285	1,356	182,121	342,783	2,611	336,197	1,086	678,980	3,697	207,304,920
神道系	81,224	14	5,641	1,094	823	88,796	81,102	8	3,598	123	358	85,189	49,258	35	28,008	85	77,266	120	106,498,381
仏教系	27	77,496	2,266	2,092	3,791	85,672	22	75,993	1,027	94	397	77,533	182,971	191	169,171	170	352,142	361	89,674,535
キリスト教系	1	2	7,171	961	1,167	9,302	1	–	4,100	25	315	4,441	23,747	2,128	4,446	632	28,193	2,760	2,121,956
諸教系	65	40	17,773	19,253	1,379	38,510	54	40	14,535	43	286	14,958	86,807	257	134,572	199	221,379	456	9,010,048

出所）文部科学省『宗教統計調査』（2011年12月）。

の50%）もあるものの，明らかに旧約聖書（創世記）の「十分の一税」（収入の1割は神のものとして捧げる）考えが広く社会に浸透していることが分かる。若年層の教会ばなれは指摘されているものの，米国では宗教が今も政治に，また社会意識の形成に強く生きて機能しているということが出来よう。もちろん，成功した実業人にもその意識が明確にみられる。例えば，果敢な買収戦略とその独占的利益により有名になったアメリカの石油王であるジョン・D・ロックフェラーの慈善事業（「十分の一税」納付を実行し，シカゴ大学やロックフェラー医学研究所などを設立）について，孫のデイヴィド・ロックフェラーは次のように回想している。

「祖父は敬虔なキリスト教徒で，バプテスト信仰の厳格な教義にのっとって生きていた。信仰が周囲の世界を"解き明かし"進む道を指し示し，解放への構造を提供してくれたのだ。なかでも最も重要なのは，善行抜きの信仰は無意味であるという原則だ。核となる信念に導かれた祖父は，巨額な財産について"受託者責任の教義"を受け入れ，人生の後半にはさらに行動を広げて，大規模な慈善事業を展開した。」（ロックフェラー, D., 楡井浩一訳（2007）17頁）。

「祖父の慈善事業については……それは宗教的修行と人生経験から生まれた行動だ。アイダ・ターベル（筆者注，彼に批判的な論陣を張った女性ジャーナリスト）やその同調者たちはあえて，祖父を強欲そのものの利己的な個人主義者の典型として描いた。祖父は個人主義を利己性や過信と同一視するのは間違いだと考えた。祖父にとって個人主義とは，目的を達成する自由と，自分を育て支えてくれた共同体に価値あるものを返す義務とを意味する。わたしはそれこそが，祖父の慈善事業の根源であり目的であったと信じている。」（ロックフェラー, D., 楡井浩一訳（2007）24頁）。

アメリカの社会学者ベラー, R. N. らがアメリカ人（白人の中産階級）の

私的・公共的生活の中にある共同体へのコミットメント（約束，責務，かかわり），儀礼パターンをインタビュー調査しまとめた『心の習慣』[4]という本がある。そこでは普通のアメリカ人は個人主義的に仕事と経済的報酬の追求に注力する一方で，共同体に帰属したいという両義性をもっていることを見出した。

　「アメリカ人は，私的生活と公共的生活をかなり画然と二分する。人間の主たる課題は，両親からのみならず自らの過去を構成しているもろもろの大きな共同体や伝統からも自らを分離して，自律的な独立独行のうちに「自己を見つけること」にある，……この種の個人主義は，しばしば公共的生活に対して否定的な見解を示している。……公共的領域についてあらゆる疑念にもかかわらず，アメリカ人は他のほとんどの工業国家の市民より自発的団体や市民組織に多く参加している。いっさいの困難にもかかわらず，多くのアメリカ人は「参加する」ことへの義務を感じている。私たちはそこに，私的生活と同じく公共的生活においても，個人主義とコミットメントを支える心の習慣があることを……見出すことができる。」（ベラー，R. N. 他，島薗進他訳（1991）199-200 頁）。

　実際には，教会に礼拝に行くこと，社会奉仕活動，寄付活動を行うことは「神との対話」でありもちろん「個人」の信仰の証であり第一義的に重要な行為，義務と言える。また一方で同じ教会に属するという精神的な一体感，地域の仲間意識の醸成，仲間からの尊敬，信頼の獲得といった「公共的生活」，世俗の付き合いもその活動の中にあるのではないか[5]。
　もしそうであれば教会は日本の「世間」と同じような共同体の機能も担っているのではないかと思われる。最も日本の世間と違うのは，あくまで神や教会という絶対価値と直接繋がっている（つまり神との救済の契約（コベナント）を持つ）個々人がその明確な外形を持つ「世間」を形成していることにある。従って異端でなければ，その地位を失うことがないという決定的な

違いがあるが。ベラー, R. N. の著書では次のように触れている。

　「多くのアメリカ人と同じく, 彼女（筆者注, 長老派教会の活動的メンバー）もまた, 神と自分の個人的関係はいかなる特定の教会への参加を超越したものだと感じている。彼女は, 外的規範を破ったといっては他人を非難するような人たちを「教会ゴリゴリの人」とからかい半分によんでみせる。「神に対する私のコミットメントは教会を越えたものです。教会とはうまくいかなかったときでも, 神とはうまくいっていると感じていました」」（ベラー, R. N. 他, 島薗進他訳（1991）276頁）。

と言っている同一人物がまた次のようにも述べている。

　「「私はこの教会を心から愛しています。教会の人々が私にしてくれたこと, 他の人たちのためにしていること, 教会の仲間全体のためにしていること, みな大好きです」。結局, 教会とは愛にあふれる個人の集まりであり, 教会に価値があるのは「人々の助けとなる」ことができるからである。「私が教会が好きなのは, そこに共同体があるからです。」」（ベラー, R. N. 他, 島薗進他訳（1991）276-277頁）。

　アメリカ人の信仰の問題や政治活動と宗教については現代的なテーマであるが, 本題から離れるのでここでは踏み込まない。1つ指摘したいのはアメリカの宗教が, 信仰という纏いはしているものの, 組織形態としては, 出資者・委託者あり, 運営者あり, マーケティング, マネジメントという経営管理機能を備えている自立的組織であることに驚きを感じることである。
　一方経済は市場活動が基本なので, アメリカでも日常の市場取引自体に宗教や信仰が入り込む余地は原則としてない。しかし起業家自身がどのような考えや, 心を持ち, 新しいビジネスに挑戦しているかという点について, また宗教も含めた精神的な社会風土により当然格差が出てくるものと考える。

その理解なしに形式的な制度の移植をいくら進めても，思ったような成果は出てこないのは当然である。しかしこのことはもちろんアメリカの「市民宗教」を導入すべしということを意図するものではない。

　要するにその国の精神風土を良く理解した上で，それに適合した仕組みづくりを考えていく必要がある。また時により起業に適した社会の考え方，つまり精神風土自体を改めていくことも必要かも知れないという意味である。

2. アメリカ資本主義の父，ベンジャミン・フランクリン

　次にアメリカの起業の精神に多大な影響を与えた思想家として，ベンジャミン・フランクリン（1706-1790）を取り上げみていくことにする。彼の主な経歴は，印刷業，新聞業からスタートして，州議会議員，義勇軍連隊長，州議会議長，学術協会会長，郵政長官，知事，駐仏全権公使を歴任，またアメリカ独立宣言の起草委員（5名の内の1人）となり，それに署名もしている。発明家，科学者としても著名であり，また社会事業として図書館，大学，病院，消防などの設立も手がけた。彼は文字通り「アメリカ建国の父」でもあり，「アメリカ資本主義の育ての親」「万能の天才」と呼称されるにふさわしいスケールの大きな人物である。

　フランクリンについては，マックス・ウェーバーも大きな関心をもち「資本主義の精神をほとんど古典的と言いうるほど純粋に内包しており，しかも同時に宗教的なものとの関係をまったく失っている」（ウェーバー，M.，大塚久雄訳（1989）40頁）として注目すべき例として紙幅を割いて取り上げている。当初「手段」であったものが「目的」化した事例としてである。宗教的動機から出発したアメリカにおいて資本主義の精神が，経済の発展に伴い，その宗教色がなくなり自律した起業家精神に変容している事実（世俗化）にウェーバーは驚いたのである。人間にとって一般的に労働は必要悪であり，生活するに十分ならそれで良いという考え方が普通であった。『フランクリン自伝』にも，英国の印刷工修業時代に，同僚が1日5回もビールを飲み，週末にはその酒代の支払いに苦しんでいると驚いている（フランクリ

ン，B., 松本慎一・西川正身訳（1957）86 頁）。しかし新大陸に渡ったピューリタンたちは，神に選ばれて救済を受けようと禁欲的に職業に従事することを正しいと考える特殊な労働観を選び，その成果を浪費せずに資本を蓄積に回し，再生産を行い新しい国を作り上げていった。しかしその後移民も増え，その中には様々な宗派の人，宗教心のない人もいる。アフリカ人奴隷という人的資本も急増する。こうして経済の発展がすすんでいくうちに，いつしか当初の信仰要素が希薄になり禁欲的な経済活動だけが残っていることに驚き，ウェーバーは資本主義経済の1つの到達点を発見したのである。

　ウェーバーが『プロテスタンティズムの倫理と資本主義の精神』の中で長々と引用していることでも有名なフランクリンの文章で「若き商工業者への助言」という小文は，今の言葉でいうとこれから独立しようとする起業家に対して，フランクリン自らの実業経験をもとにビジネスの基本的な心構えを示したものである。この心構えの骨子は，「時は金なり，信用は金なり，金は金を生む」ということであり，それを具体的な数字を上げながら平易に綴っている。その中でもビジネス上の信用を得ることの大切さを特に強調している。当時は資金が極端に不足しており，多くのビジネスでは掛売りが原則であった。個人の信用がなければビジネス自体に参入すら出来ないし，成功すらおぼつかないというわけである。ウェーバーは「信用のできる立派な人という理想，とりわけ，自分の資本を増加させることを自己目的と考えるのが各人の義務だという思想だ」と述べている（ウェーバー，M., 大塚久雄訳（1989）40-43 頁）。

　またウェーバーはアメリカ旅行で医者から聞いた話を論文「プロテスタンティズムの教派と資本主義の精神」で紹介しているが，その医者が診察台に横になった患者から，「先生，私は某々街の某々バプティスト教会に属する者です」といきなり言われたという。この言葉は「診察代はご心配なく」ということを含意しているのであった。つまりこの教派の信者であるということは，支払いは教派が保証しているのと同じであるとの意味なのである。アメリカではある教派（ゼクテ）に属しているということはそれだけで社会的

「信用」が高まるのである。ビジネスにおいてはより効果を持つことはいうまでもない（ウェーバー，M., 中村貞二訳（1988）87頁）。

これは富を自分のために浪費せず，禁欲的に良き「天職」の遂行を通じて新たな財貨獲得に投じていくという資本主義の再生産の循環が，彼らの信仰により担保されていることを意味している。また，同じ教派に属している者は，教会や同じ教会に属している者同士が教派の威信にかけても助け合うという精神が信仰から派生して生まれてきている。宗教が求める厳格な禁欲主義が，経済活動において信用を築くことに繋がり，それを保証することになる。宗教の直接的な経済効果が見える形で示されたのである。

彼の『フランクリン自伝』は福沢諭吉の『福翁自伝』と類似性を指摘する識者[6]が多いが，まさに2人ともアメリカ建国・明治維新という社会の大混乱期と同時にチャンスが無尽蔵にある時代の中で，ほとんど無一文から自らの才覚と知恵だけで世の中，社会を乗り切り成功していくという波乱万丈の人生を送り，同時代人に大きな影響を与えた。また自らの自伝においてその人生の軌跡を赤裸々に語っている点で共通している。個々にみるとさらに共通点は多い。ともに印刷と新聞業からスタートしていることとそれが長く安定した収入源となっている，ベストセラー作家（『貧しいリチャードの暦』，『西洋事情』・『学問のすすめ』）にして啓蒙家でありペンにより人を動かしている，大学（ペンシルベニア大学，慶応義塾大学）を創設していること，物理などに自然科学に造詣が高いこと，後に自国の高額紙幣（100ドル，1万円）の顔となっているところをみると，共にその国の「資本主義の精神」の基礎を作るのに貢献した人物として位置づけられている。

彼は主に，『貧しいリチャードの暦』（フランクリン，B.（1753），筆者注，カレンダーにことわざ・格言，天候・気象情報，生活情報などを記したもの），『自伝』を通じて，アメリカの一般人の生き方の模範，苦労と努力は必ず富を生むとした信念を示した，つまりアメリカ人の精神を形成した代表的人物と言える。彼の主張する社会的美徳の実践の中には，勤勉，節約，計画性，禁欲的自己規制，道徳的生活態度，忍耐，誠実さなどが含まれ，彼の貢

献は生活の中でそれらの生活態度を心掛け日々実践していくことこそが社会的成功につながるという，アメリカの夢，神話を国民に示し共感を得た点である。実際の彼は，必ずしもそうした清廉潔白だけの人ではなく，後に政治家になった程なので普通に駆け引きをしたり，押しの強い面もあったようだ（渡辺利雄（1977）参照）。

　起業家としてのフランクリンを彼のスタートアップ事業である印刷業からみていく。父の勧めで，兄の印刷所に12歳で徒弟奉公（21歳までの徒弟契約）に入るが，5年後に兄と仲たがいして他の印刷所に転じ自力で腕を上げ，その後独立を志し印刷機購入の名目でロンドンに渡り1年半修業する。帰国して共同経営者と独立，しかしのちに共同経営を解消し自立した経営をするようになり，ライバル（元の修業先）との競争に勝ち成功を収めていく。

　起業したての時期の紆余曲折やごたごたした苦労話は今日でも良く起きることである。フランクリン自伝本には彼の脚色もあるのだろうが出資や借入金の苦労，共同経営者との意思の齟齬，ライバルとの駆け引きなど，詳しくかつオープンに書かれている。後の建国の父が何も後ろ盾のない若者だったころ，最初のビジネスで困難や裏切りにも負けず，知恵と努力と節目節目での他人からもらう温かい援助によりビジネスをやり抜くエネルギーこそが，アメリカ資本主義の原点にふさわしい成功物語であるように感じられる。それが多くのアメリカ人の心を打ったのだろう。宗教心ももちろん皆無とはいわないが，彼の場合はむしろ健全な社会道徳を重要視し，地道な経営努力を重ねたことがその後の成功に繋がっていく。

　社会貢献，社会起業家としての仕事には前述のように様々な事業があるが，ここでは『フランクリン自伝』と梅津順一（2011）の論文とを参考に，フランクリンが主導した大学「フィラデルフィア・アカデミー（後のペンシルベニア大学）」設立の例を取り上げみてみよう。

　アメリカの植民地に出来た大学の大半は教会が主に将来の聖職者を養成するためにより設立したものであった。設立の早いハーバード，イェール大学

はピューリタンのうち会衆派が，プリンストン大学は長老派が作った学校であり，ハーバード大学は設立後一世紀あまり神学関連中心の教育のみが行われており，実業人の養成は手がけなかった。一方ペンシルベニアの植民地に多く移民してきたのはクエーカー派の人びとであり，彼らは礼拝などで聖職者を必要としない教義をとっていたため，その面から大学の必要性が生じなかった。またクエーカー教徒である領主ウィリアム・ペンは広範な信教の自由を認めていたため，いろいろな教派の住人が混在する土地柄であったので，フランクリンは特定の教会や教派とは関係のない地域の青年育成のための大学設置を発案し動いた。その教育内容も神学ではなく科学と実用的な教育に力を入れるものであった。

　事業の推進は彼の他の社会事業と同じやり方であるが，まず有志（彼が組織したジャントークラブという有志による勉強仲間の結社）を集め構想を練り，次に設立の意義を記したパンフレットを書いて発表をし，世論の喚起を行った。この際にこれは個人の発案ではなく，数名の発案である旨を書き，世間の賛同を得やすくするというのが，自伝で何度も強調している彼一流の公益事業推進の知恵であった。パンフレットによる手ごたえを得て，寄付金を募るが，この際分納方式として集めやすくする工夫も欠かさない。次に寄付に応募した人の中から評議員を選出，大学の基本規約・管理規約を定めた。そして実際の大学事業の執行者として理事を選任し，経営に当たらせた（理事会議長の任期は1年としている）。理事会では，教員スタッフの任用，俸給の決定，奨学生の受け入れ，予算会計報告などが決められ，また理事による授業の視察も含まれている。のちに大学評議委員会は知事の認可を得て法人組織となり基本財産には国や州からも資金が入るようになったが，当初は政府に頼ることなく，公益の目的のため多くの人から広く資金を集め，その運営についてはルールを定めてきちんと事業遂行していく，また執行者の監視も怠らないという企業経営に近い仕組みづくりを構築している。ちなみにアメリカでメディカルスクール（医学部）とビジネススクールをはじめて設置したのはペンシルベニア大学であり，フランクリンの建学の精神を受け

継いでいるかのようにみられる。

　このようにフランクリンの時代は大学に限らず，消防，病院など公益事業を1つ1つ住民の手で作り上げていかなくてはならず，州や国や本国の領主に多くを頼ることは出来なかった。今日の言葉で言うと社会起業家であったフランクリンのビジネスモデルは実績を積むことで次第に確立していき，彼自身地域の人びとの厚い信用も得るようになっていく。なおこうした社会貢献事業には無報酬で取り組んでいる。現在では政府が税金によりこれらの公益事業を維持しているため，ある意味では国民と公益サービスを提供する主体が離れているが，アメリカの建国の時期にはサービスの受益者である住民が直接資金を負担せざるを得ないことから，公益サービスの提供主体も厳しい彼らの監視の目の中にさらされており，緊張関係にあったのである。『アメリカのデモクラシー』を書いたフランスの政治思想家，政治家トクヴィル，A.もこうした民主的な国民による起業家精神を発揮した社会事業の推進について次のように賛辞を惜しまない。

　　「新たな事業の先頭に立つのは，フランスではいつでも政府であり，イギリスならつねに大領主だが，合衆国ではどんな場合でも間違いなくそこに結社の姿が見出される。……合衆国の住民が手段を尽くして共通の目標の下に多数の人々の努力を集め，しかも誰もを自発的に目標の達成に向かわせる，その工夫にしばしば賛嘆の声を上げた。」（トクヴィル，A.，松本礼二訳（2008）第2巻上189頁）。

3. フランクリンにみるアメリカの起業家精神

　フランクリンの時代はなんといっても資金不足であり，1人で何か事業を行うということは困難であった。また州や国も手が回らないことから，フランクリンは自分の印刷事業でも，社会事業においても複数の人を動員するやり方として結社，組合（パートナーシップ）の仕組みを活用している。株式会社といえば植民地時代は英国国王など旧主国の植民地支配の許可状・特許

状（土地所有権，鉱山採掘権，通商・漁業権，行政権，貨幣の発行権など）を付与した開拓会社であった。従って資本を必要とする植民地の大きな開拓事業以外の小さいビジネスはこうした素朴な合資の形態が利用されたのであろう。しかしこうした中でも『フランクリン自伝』によると新しい2人の借入金を利用して，当初のパートナーと解消するため権利の買戻しや負債の肩代わりを行うなど巧みな経営手腕をみせたことが書かれている。新大陸アメリカにおいて株式会社が一般的になる前の揺籃期のビジネスの原初形態を活写している[7]。彼の書いた「富に至る道」では勤勉・節約と支払いをきちんとすることで信用を築くというビジネスの基本についてきめ細かく説明を与えており，多くの実業を目指す者の賛同を得ている。また彼は1つのところに安住することなく次々新しい発想を出してビジネス，科学実験や政治・外交に挑戦していき，自分を高めていくと同時に社会を善くしていくという進歩思想，社会改革思想がある。これがアメリカ資本主義の精神，原点とみなされている由縁である。

　このころのフランクリンは印刷所を若い有能なパートナーに任せており，その事業配当を得つつ自身は無報酬で社会事業をいろいろと手がけていった。米国では，現在でも成功した起業家が創業の利益の一部を基に財団を作り，引退後はその資金で幅広く社会活動を行うことがかなり多いが，彼は今日の起業家の先駆的モデルとなったのである。ただこの頃は，成功した起業家でも創業利益や多大な株式売却益を利用することは叶わないので，自らの信用を使い多くの人びとの善意による募金や富くじを活用するのが精一杯であった。こうした社会貢献や慈善事業については，表だっては出てこないがその背景には宗教的な意味が隠れているのかも知れない。ウェーバーは普遍的であり倫理的宗教性を持つ「喜捨」について次のように述べている。

「貧しい人への慈善は，イエスにおいてもなお，時にはまったく応報の原理によって動機づけられており，貧しい人の側での此岸における報いが不可能であることが，まさしく神による彼岸での報いを一層確実にする，

というふうに考えられる。これに加えて，信仰同胞間の連帯性という原則が現れ，それはときには「愛の共産主義」といっていいほどの同胞愛に進む。」(ウェーバー，M., 武藤一雄他訳 (1976) 265 頁)。

著名なのは鉄鋼王といわれたアンドリュー・カーネギーの慈善事業であろう。鉄鋼会社を全て売却した資金 (1901 年 5 億ドル) を元に，基金や協会を設立して救済事業や公益性の高い事業 (カーネギー研究所，世界中に広がるカーネギー図書館，カーネギーメロン大学) を支援している (カーネギー，A., 坂西志保訳 (2002))。

現代の起業家で有名なのは，マイクロソフト創業者であるビル・ゲイツが創設した「ビル & メリンダ・ゲイツ財団」である。ビル・ゲイツの個人資産の大半が寄付されており，後にゲイツの友人である投資家ウォーレン・バフェットの寄付も加わり，世界最大の慈善団体となっている。財団の総資産 2011 年末 346 億ドルあり，2011 年年間 50 億ドルの支援を実施している (ビル & メリンダ・ゲイツ財団ホームページ http://www.gatesfoundation.org)。

総括するとフランクリンが自力で成功した人生ストーリーがその後「アメリカン・ドリーム」の先駆けとなった。今日の起業の言葉で言い直すと，彼自身が生きたアメリカ人事業成功者のわかりやすい「ロールモデル」(役割りモデル，模範例) となっていたといえる。

一から事業を起こすためには，多くの人びとの共感と賛同が不可欠である。事業目的のプランを作りこれを文書で提示し，それに賛同する人びとに自由意思で参加してもらい，資金も出してもらう。彼らの中から評議員を選出して，規則や組織を作り，その業務の執行者を任命し，またその業務を監視し，それを評議員に報告するという事業化の雛形を確立した。ここで重要なのは日本の村のような全員参加，全会一致の組織ではない自発的な参加を前提とする自由結社であり，その意思決定も多数決であり，執行手続きも事業の監視も透明なことである。

多くの起業や公共事業のモデルをわかりやすく提示したこと，富の追求を通じた自己実現と社会厚生の向上を常に心がけたこと，起業家精神や働く事業者の重要性を強力にアメリカ社会に刻印したことが彼の貢献であった。

アメリカの歴史家のウッド，G. S. はフランクリンの伝記の最後を次のように締めくくっている。

「最も長続きしたのは，勤勉に働くセルフメイドの商売人のイメージである。フランクリンは，建国の父たちの中で最も偉大な人物であった。それどころか，革命期の決定的な外交活動ゆえに，フランクリンはワシントンに次いで最も重要な人物なのであった。しかしながら，フランクリンについて多くの場合にわれわれが思い浮かべるものは，その偉大さではない。その代わりに想起するのは，若い共和国の肩で風切る勢いの資本主義を象徴するフランクリン，アメリカの夢を体現した人物で，いまも身近な人である。アメリカが機会の国であり，一生懸命働けば成功できるところとして見られるかぎり，このフランクリンの人物像はアメリカ文化を支配し続けるイメージになるだろう。」（ウッド，G. S., 池田他訳（2010）299-300 頁）。

4. アメリカの結社の役割り

ウェーバーがアメリカ旅行（1904 年）で注目したのは，近代市民社会を支えるエートス（心的態度）を形成している宗教の教派（ゼクテ，セクト）の役割りであった。しかしそれとともに社会学者として高い関心を示したのは多様な結社やクラブ組織の存在である。これらは「アソシエーション」と呼ばれているがその目的は会員間の相互扶助，相互保険，社会奉仕やビジネスなど様々である。

アメリカでは教派の選択も，こうした結社やクラブの選択も同じであるが，参加についてはあくまで個人の自由意思であり，入会（入社，イニシエーション）の希望者に対して審査と加入に関する投票が行われ，はじめて

加入が許可されるという。入会が許されるとその組織の中では対等の地位が与えられ、お互いに助け合いが行われる（もちろん細分化された階級を重視しているものも存在するが入会式では平等の扱いをする）。つまりその組織の社会的信用力を利用できるし（転居の際に資格証明書を出す教派もあったという）、個々人がその信用の維持のために規律に基づき腐心しなければならないのである。また教派と同じように入会（入社）を許されないものに対しては排他的性格を有している。

ウェーバーがアメリカに見たのは、将来宗教的な教派に代わる可能性のある自発的団体としての結社やクラブという集団の社会的機能と役割であったのだろう。宗教の動機が近代化し拡大していくビジネスの世界でいつまでも強く続く訳ではなく次第に薄れていくことが当然予想された。しかしビジネスをしている生身の人間は決して孤立して存在するものではなく社会的な存在である。彼らが新大陸で孤独と生活の格闘という耐えがたい不安から逃避するように教派に属したように、ビジネス上やビジネス以外の私的なつながりを求めて世俗的な集団である結社やクラブに属したいという欲求と必要性が常に存在していたのである。こうした結社やクラブという中間組織が、教派がそれまで行ってきた純粋に信仰心を1つにする者だけが集まる、そうでない者は排除するという団体の構成原理をそのまま維持していることに驚いたのである。またそこには情緒性は微塵も感じられない。

神学者のアダムス、J. L. は『自由と結社の思想』の中で、1911年の学会での次のウェーバーの講演を引用している。

「アメリカの民主制は、決して砂粒のかたまりなのではなく、排他的セクトと団体とクラブの迷宮なのである。これらは、アメリカ生活に適応した者の選別を助ける。それらは、そうした者たちが、社会生活において事業上の上でも政治や他のあらゆる分野でも成功をおさめることを手助けする仕方で、選別を促進するのである。これら団体の中で、アメリカ人は、自分自身を印象づける仕方を学ぶのである。」（アダムス、J. L., 柴田史子

訳（1997）224頁）。

　文化人類学者の綾部恒雄はアメリカの結社やクラブについて実態調査をしているが，「アメリカのクラブは，目的に応じて自由に結社を創設する「ヨコ社会」的西欧の伝統の上に，地縁や血縁にとらわれない新大陸の文化的風土がプラスされて花咲いた集団形態である」と定義し「約縁集団」と呼んでいる。この団体に参加する人々はそのアイディアに生命を与えようとして集まり，創造の過程つまり何らかの形で社会変革に繋がる運動に参加することで個人的な満足を得るという。またそれに共通する社会的機能として①連帯感，②知育教育，③人格の形成，④社会奉仕と社会運動の4つを指摘しているが，特にその社会教育的機能に着目している（綾部恒雄（1988）155-177頁）[8]。

　一方日本の「世間」とは，申し込み，承認手続きがないところも多くクラブや結社より組織体として緩いところが多い。それはウェーバーの定義でいうと自発的な意思を持つ者の集まりである「結社」ではなく，一定の要件が満たされれば自動的に所属することになり，しかも明確な規則がないアンシュタルト的な（強制的に帰属させられる）集団の色彩がある。また日本の「世間」では集団の中に序列が存在しておりタテマエはともかくホンネでは必ずしも最初から平等な地位は与えられず「タテ」関係を前提としている。集団組織の理念もしばしば明確にはなっていない。しかも規則が明確でないにも関わらず規律力が存在している。それはしばしばその時々の社会の空気に流され強さを発揮したり，また弱くなったりもして極めて曖昧，かつきわめて情緒的である。丸山真男の言葉を借りると，日本の「世間」は「である」社会（価値を受け入れる）で，アメリカの「結社」は「する」組織（目的のために行動し価値を主張する）という大きな違いがある（丸山真男（1961）156-166頁）。

　もっとも日本に結社が全くなかった訳ではない。綾部恒雄は近世の「講」「座」「結」などの例を指摘しているが，日本の場合前述のように入会形式が

本人の自発的意思によるものではなく，加入がほとんど義務づけられているものが多いこと，また目的の遂行も契約による厳格なものではなく，共同体内の信頼関係に基づき情状酌量の余地もある黙約である点が異なっていると指摘している（綾部恒雄（1988）206-215頁）。

ウェーバーによると「アメリカには，あのような（筆者注，所属を許されているだけでその人物の信用証明になるような名の通った）教団や，それとよく似て排他的で投票により欠員を補充する団体やクラブがたくさんある……入会を許されるということは昇進の切符を手にするのとおなじことだった。……たくさんのクラブが身分的貴族化の傾向を担っているが，この傾向こそ，むきだしの金権制と並行して，いやはなはだ注目すべきことに，一部はこれに対抗して，現代アメリカの発展を特徴づけている。」（ウェーバー，M., 中村貞二訳（1988）92頁）[9]。

「われわれが興味をそそることは，……投票によって欠員が補充される世間のクラブや会の現在の地位は，それら自発的な団体の原型をなす教派の，ひどく排他的であったむかしの意義が世俗化していく果てに生まれた，この世俗化のはるかな帰結である」（ウェーバー，M., 中村貞二訳（1988）94頁）。

歴史学者のカーンズによるとアメリカの結社と資本主義について，結社は禁酒や規律を守らせるという点では整合的であったが，「結社の儀礼は資本主義の基本的な信条に違背することもたびたびだった。」（カーンズ，M.C., 野崎嘉信訳（1993）63頁）と述べている。

このように様々な自発的結社の中には経済活動を阻害するものもあり，日本の「世間」に通ずるものもあるだろう。神学者のアダムス，J.L. は，自発的結社の欠点として，「集団の特殊な利益を守るといった偏狭で排他主義的な関心を推進する」（アダムス，J. L., 柴田史子訳（1997）142頁）ことを指摘している。

フランクリンの宗教心については，彼自身はカルヴァン派である長老派教会に属しながら次第にキリスト教や教会に懐疑的となり，神こそ否定しなかったものの理神論（世界の創造者としての神は認めるが，神の超越的存在やその予言，啓示を認めない，また組織としての教会も否定するという合理主義的な世界観をとる神学説，大宮有博（2006））の考え方に共鳴してしまう。しかし後にはこの理神論にも懐疑的となる。実業家であるフランクリンには，生活の実践の中で実践される善き行い，道徳的行いこそが大切であった。つまり来世における魂の救済ではなく生きている人間の幸福，成功こそが重要なのであった。信仰心はもっていたが，特定の教派を嫌い，その結果教派による教義の違いを強調する説教を行う教会に距離をおくようになった。その代わりフランクリンは，持ち前の編集能力を発揮し自分なりに日常生活のための道徳と戒律を「十三の徳」としてまとめている。また彼は，神は知恵の泉であるとし，神の助けを得るため，自分で英国の詩人の神を讃える詩を編集した短い祈祷文を作り，毎日これを唱えることにしたと自伝で記している。こうした突出したともいえる合理的な考え方は福沢諭吉の自伝に書かれている思想と極めて類似しており，共に実業を重視する思想を持つ起業人として通ずるものがあり興味深い。フランクリンにとっての神は，教派に関係のない普遍的な神であり，前述した「市民宗教」（ベラー，R. N.）に極めて近いものであったと言えよう。一方フランクリン自身は若くして秘密結社フリーメイソンに属し地区の上位位階の指導者となり，独立戦争でもこの結社組織を活用して水面下の外交を展開している（綾部恒雄（1970）39-42頁）。

現代でも多くの国で宗教と政治は，歴史的経緯，建国の理念などからして依然として緊密な関係にある。一方経済の分野では，資本主義が発達し市場経済が全盛になるということは，市場で多くの匿名の経済人がそこで取引を行うことを意味している。市場においては信用さえあれば，あるいはなくても第三者に信用を補完してもらえさえすれば，誰でも取引に参加できるのである。従って経済の世界では宗教は全面には出てこないのが普通である。も

ちろん利子や特定の事業内容が宗教上の禁忌に触れるのでそれを回避したイスラム金融という宗教的な金融の仕組みも存在しているが，これはあくまで例外である。

しかしそれでも経済人の考え方，働く動機というものは存在している。「金が金を生む」「金儲けが全て」と考える経済人ですら，行動を支える信念，理念は外部に対して主張することを忘れてはいない。

5. アメリカの経営者の宗派別動向

実際のデータからみて，アメリカでは宗教の教派と経営者輩出との相関関係はあるのだろうか。経営学者の小林袈裟治は，*Biographical Dictionary of American Business Leaders*（1983）というアメリカの経営者伝記事典に掲載されている経営者1159名のうち宗派が明確な909名の宗派，教派別集計を紹介している。ちなみに分類されている宗派はキリスト教系とユダヤ教だけである。この事典は1587年から1946年までに生まれたアメリカの経営者が対象で，その選択抽出基準は「歴史的に意義のあるリーダー」と銘うって

図表16　アメリカの宗派別ビジネスリーダーの割合

宗　　　派	人数（人）	比率（％）
エピスコーパル	164	18.0
プレスビタリアン	157	17.3
プロテスタント諸派	169	18.6
ジュウイッシュ	91	10.0
メソジスト	53	5.8
コングレッショナル	53	5.8
ローマ・カトリック	52	5.7
バプティスト	45	5.0
ユニタリアン	39	4.3
クエーカー	38	4.2
ルーテル	11	1.2
その他	37	4.1
合　　　計	909	100.0

出所）小林袈裟治(1994)『企業者活動と経営理念』
　　　文眞堂，67頁に一部筆者修正。

原典）John N. Ingham, *Biographical dictionary of American business leaders*, Appendix 5 (1983).

いるものの，小林は実際にはそうでない経営者も含まれていると指摘している（また親子の掲載も多くみられる）。この事典には1980年以降のデータがなく最近30年間の動きはフォローできないがアメリカの企業家の宗教的背景について建国から現代までの大きな傾向は抑えているものと思われる。

　図表16をみると，メインラインといわれるプロテスタント系の教派がかなり多くなっており，ウェーバーの指摘はこの時期の統計からみても依然として的を得ていたことがわかる。またユダヤ教は宗教人口の割には多く，反対にローマ・カソリックは宗教人口の割に著名経営者の輩出割合は低くとどまっている。

　起業活動など経済活動を支えている宗教的動機のさらに元にある動機（モチベーション）理論を実証研究したアメリカの心理学者D.マクレランドは，プロテスタントの動機について次のように説明している。

　「高い達成要求をもつ人は自分自身の決断に責任をもとうとする。そもそも決断するという行為には，その行為の結果がどうなるのかについてある程度の不確定さが含まれている。だから個人主義的宗教（プロテスタント）の信者の《油断のなさ》と同じ意味で高達成要求をもつ人も《油断がない》のである。他方，形式的な儀式を重んじる教会組織では，儀式を正確に遂行し，神父に対してじゅうぶんに告白し，適当な時に適当な神父を招く，などなすべきことを正しくやっていれば，その人は《安全》なのである。」（マクレランド，D.，林保監訳（1971）538頁）。

　マクレランドの研究はプロテスタントが個人としての達成動機と責任の意識が相対的に高く，それが起業に好影響を与えたことを明らかにしている。

6. アメリカの起業風土，シリコンバレー文化

　ここでは現代のアメリカの起業風土をみていくことにする。このテーマで参考になるのは，ITビジネスのトップを走り続けているシリコンバレーの

起業環境や文化について調査（ウェブ革命以前）を行った地域計画学者のアナリー・サクセニアンの著作である。サクセニアンによると，企業は決して単独で孤立しているものではなく，地域の社会構造・文化や制度的条件の中に存在しているという。地域の社会構造・文化の役割りについて次のように述べている。

「地域の機関とは，大学や業界団体や地元自治体といった官民組織や，もっと非公式なホビイストクラブ，専門団体などフォーラムであり，地域内の社会的なやりとりを作り出して維持する場をさす。こうした機関は地元文化を形成するとともに，コミュニティを統合する共通の理解や慣行となり，労働市場のふるまいからリスク負担に対する態度まであらゆるものを決定づける。地域の文化は固定したものではなく，社会的なやりとりを通じて絶えず再構築されているのだ。」（サクセニアン，A., 山形浩生他訳（2009）25頁）。

シリコンバレーでの起業文化，起業家精神は同じアメリカでも東海岸のそれとは異なるものだが，起業に関するいろいろなネットワーク，サービス，コミュニティが地域に集積していることで起業が更に促進される環境が形成され維持していることをサクセニアンは指摘している。またそれが1つの文化にまでなっているという。例えば，金銭的成功への評価，転職が盛ん，事業失敗の評価，知的財産権の相互利用などについての共通認識が出来ている。一言でいうと「助け合いと競争」が共存した文化である。純粋な競争だけの資本主義ではなく，共同体主義とまでいかないが一種のコミュニティ意識がある資本主義の精神が維持されている。そうした事業化の初期（スタートアップ期）の助け合いが次世代の企業を育成し，その企業が成功するとまたそこからエンジニアがスピンアウトして起業したり，対抗する企業が伸びてお互い競争することにより相乗的に地域経済が発展していくという好循環が生まれるという。

154　第5章　アメリカにおける起業の捉え方

　最近の動向については雑誌『日経ビジネス』が記事で紹介しているが，大学，ベンチャーキャピタルや成功した起業家が次世代の起業家教育に積極的であることが，起業の裾野拡大に効果があるという（『日経ビジネス』2014年1月20日号，34-35頁）。またコンサルティング会社の分析として「シリコンバレーの生態系は市場，資本，人材，企業文化，通信インフラ，規制緩和に分解できるという。すなわち，これらの要素がイノベーションを左右すると言い換えていい。米国は各要素がバランスよく揃っている一方，日本は通信インフラ以外は，米国に比べ見劣りする。」ことを紹介している（同号44頁）。

　起業動機については，新しい移民である外国人，アジア系，インド系，ヒスパニック系が多いことから，経済的動機のウェイトがより高いものと思われる。また情報交換するコミュニティは人種毎に形成されているため，クローニーキャピタリズム（仲間内の談合資本主義）的な色彩が強くなる面は否めない。

7．現代アメリカのIT起業家

　IT（情報通信革命）ブームで成功したアメリカの著名な起業家とそのビジネスを簡単に概観してみたい（図表17参照）。

　マイクロソフトのビル・ゲイツは，パソコンの基本ソフトであるMS-DOSやWindowsを開発，またその上で使う汎用ソフトウェアOfficeを標準化し，それらをパッケージで販売し世界で圧倒的なシェアを獲得した。パソコン操作を容易にし，人びととパソコンの親和性を劇的に改善しその使い方を定義づけたといえよう。またビジネスとしては高いシェアを背景とし価格競争を排した仕組みを作り上げライバルを制して一大帝国を築いた。

　アップルのスティーブ・ジョブズは，パソコンメーカーからスタートし，操作性とデザインを追求したMacintoshという製品で初期の成功を収める。ジョブズは一時経営対立からアップルから追放されるが，後に復帰しiMac，

7. 現代アメリカのIT起業家　155

図表17　アメリカのIT起業家比較

法人名	法人設立年	起業家名（主要な）	設立時の年齢	家族	最終学歴	人種	株式公開年	公開時株価・ドル	現在株価・ドル (2012/7/16)	時価総額・億ドル (2012/7/17)	正規従業員・名 (2012/7)
マイクロソフト	1975	ビル・ゲイツ	20	父弁護士，母教師，社会事業家	ハーバード大休学	イギリス・ドイツ系	1986	21	29.44	2,473	90,000
アップル	1977	スティーブ・ジョブズ	21	実父文学者，経営者，養父機械工学	リード大学中途退学	実父シリア人	1980	22	606.91	5,675	60,400
グーグル	1998	ラリー・ペイジ	25	父大学教授，母教師	スタンフォード大学院休学	ユダヤ人	2004	85	574.92	1,874	33,077
		セルゲイ・ブリン	25	父大学教授，母政府機関研究員	スタンフォード大学院休学	ロシア系ユダヤ人					
フェイスブック	2004	マーク・ザッカーバーグ	20	父精神科医，母歯科医	ハーバード大中途退学	ユダヤ人	2012	38	28.25	604	3,539

出所）筆者作成。

　iPod，iPhone，iPadという小型，薄型，高い操作性とデザインの良さを両立した画期的製品群を立て続けに販売して，世界的な支持をうける。また製品販売だけでなく，音楽，ビデオ，書籍などのコンテンツは独自の仮想店舗App StoreからiTunesというソフトでダウンロードできるようにした排他的な販売戦略を初めて確立した。

　グーグルは，ページランク付けした独自の方法によるインターネットの検索エンジンを開発して既存のライバルを圧倒して高いシェアを握る。その後世界のインターネット上の情報を全て集め，整理するとともに，文字通り世界を力づくでインターネットの中に全て取り込むとも思える勢いで様々な斬新なサービスをほぼ無料で提供している。彼らは世界中の情報を，誰もがどこからでも使えるようにすることを目指しているという。例えば世界中の地図情報や実写によるストリートビューを取り込んだGoogleマップや衛星写真を提供するGoogle Earth，学術情報の検索システムであるGoogle Scholarのサービスも開始している。また現在は世界の図書館の蔵書を収蔵しようとする壮大なGoogleブックス図書館プロジェクトも手がけている。彼らのビジネス上の戦略としては課金システムの検索連動型広告Googleアドワーズを採用している。また企業向けにクラウド・コンピューティング・サービスとしてGoogle Appsも提供している。

　フェイスブックは，インターネット上で使うことが出来る無料のSNS（ソーシャル・ネットワーキング・サービス）の1つである。実名と一部の

個人情報も登録し，他人とのコミュニティを拡大していく場を提供している。またこれは広告や個人情報を活用したマーケティングの手段としても使うことが出来る。2004年からサービスを開始したが，2012年3月末で利用者は9億人を超えている。1日平均で利用者は5億人超で，その大半は携帯電話からの利用であり，コミュニケーションツールとして突出した地位を確立している。

　以上アメリカの主要IT企業をスケッチしたが彼らの年齢には幅があるものの，ジョブズを除いて家庭が裕福で知識人層出身であること，自身が高学歴のITエンジニアであること，会社勤務による実業の経験もなく学生時代からITに関連した遊びからビジネスに移行してしまい，結局なし崩し的に大学を中途で辞めて20歳台半ばまでに起業しているなどの共通点がある。サンプルは少ないものの，人種はユダヤ系が多くなっている。

　彼ら起業家の個人的資質の特徴とは何であろうか。一番はコンピュータ「オタク」であること（フェイスブックのザッカーバーグは大学のコンピュータに侵入する一種のハッカーであった）。通常人の興味とは違う世界で生きているのでしばしば「変人」扱いされていた。しかし，一方で多くはアカデミックバックグランドとして計算機科学を大学（院）で修めている専門家でもある。学問の背景を持ったオタクが彼らIT起業家の共通の姿である。

　そしてこれはアメリカ特有の企業育成の方法であるが，そうしたオタクの作りだす斬新なアイディアをビジネス化しようと考える大人（経営の専門家）がいることである。起業家が進めている事業に関する資金，信用，マネジメント全般をカバーして，さらにそれがキャッシュフローを生み出す仕掛けを設計する，つまり経営戦略を考える人が事業の立ち上げに参加するのである。ある程度そのビジネスの絵が描けてくると経営参加メンバーが厳選されてより適材のドリームチームが編成される。あとは企業価値を高めつつIPO（株式公開），あるいはトレードセールス（企業売却）段階まで一気呵成に駆け上がっていくというプロセスが展開する。

その後は企業はビジネスの急速な成長のために，上場時に調達した資金や豊富な内部資金を活用して周辺企業，ライバル企業や関連する知的財産権の買収を盛んに実施していく。グーグルなどでは他企業の買収は年間79件（2011年買収額20億ドル，日経新聞）にも上るという。こうした買収も他のベンチャー企業の重要なエクジット（出口）戦略になっている。

　成功した起業家の慈善活動について見ると，ビル・ゲイツは前述したように自分と家族の名前の全米一の基金を設立している他，友人である著名な投資家ウォーレン・バフェットと The Giving Pledge という億万長者が参加する基金を作っており，マーク・ザッカーバーグもこれに参加している。スティーブ・ジョブズはあまり公にしていなかったが独自の慈善活動や，Product Red プロジェクトに会社として参加していた。グーグルのサーゲイ・ブリンもまた自分と妻の名前を冠した基金を設立している。

　以上みてきたように彼らの起業は，生活のためという経済動機ではなく，新しいIT知識により社会を劇的に変えていくことに対する知的好奇心や，その革命を自分が演出し率先して参加するというわくわくする面白さが直接の動機となっているように思われる。コンピュータと情報通信で世界を一体化していく，人と人を結びつけていく。その過程をみると遊びもビジネス機会もごちゃまぜになっているように感じられる。知識の存在形態，市場取引のやり方，働き方・遊び方，それらのスピードも大きく変化していく，人と人とのネットワークも変化していくことになる。起業家はアイディアを次々具現化していき，ビジネスのマネジメントはまた彼ら以外のプロの職業人が後から会社に入ってきて目標に向かって堅実に実行し，冷徹に管理していくという経営上の分業体制がシステム化され，企業を効率的に生み出していくことがわかる[10]。

　雑誌でインテルのマイクロプロセッサが搭載された世界で最初の手作りのマイコンが発売されたという記事をみて，当時大学生のビル・ゲイツは会社を起こそうと決意する。そこにはイノベーションとチャンスに乗り遅れるなという若者の知的好奇心が起業動機となっていたことが判る。

「ああ！　おれたち抜きではじまっている！　みんなこのチップのために本物のソフトウェアを書きはじめるぞ。近い将来そうなることは確信できたし，できるなら最初からそれに関わりたかった。PC革命の第一ステージに参加するチャンスは一生に一度しかない ─ わたしはそう考え，そしてそのチャンスをこの手でつかんだ。」（ゲイツ，B.，西和彦訳 (1995) 38頁)。

サクセニアンによるとシリコンバレーの起業家の動機は次のようなものであるという。

「多くのシリコンバレーの実業家は億万長者にはなったが，ほとんど金目当てで働いていたのではなく，新しい技術的に機会を独自に追求するという挑戦が動機だったようだ。シリコンバレーの文化は，企業を創始した人々にいちばん高い敬意を払った。地位を決めるのは，経済的成功ではなく技術的な達成だった。エレガントな設計のチップ，製造プロセスのブレークスルー，巧妙なアプリケーションは，富の顕示と同じくらいの尊敬を集めた」（サクセニアン，A.，山形浩生他訳 (2009) 76頁)。

起業して成功したら自分の会社を他者に売却して，また新しい起業に挑戦したり，あるいは興味の赴くままに他の起業家のビジネスの立ち上げを手伝うといったことが日常茶飯事である。それは「新しいことに挑戦する」こと自体が楽しいからという技術者の知的好奇心をくすぐるような動機である。
こうしたことが可能になるのは，ITビジネス（特にソフトウェア開発）の特徴として，初期資本，人材がさほど要らないこと，また企業内での技術教育や顧客開拓の経験が要らないことなどがあり，また過去の経験値や蓄積されたノウハウではなく，今までにない革新的な発想が重視されることなどから経験者よりも学生（院生）が手がけた方が良い場合もある。また大学の指導教員が学生に新しい技術の事業化をすすめるという伝統？も存在してい

る。日本のように，教員が大企業への就職口の推薦枠をいくつも持っていて，ポストの割り当てを行うのとは大分異なる。

　現代アメリカの起業家精神はどのようなっているのだろうか。それは明らかに建国時代のような強い宗教的な動機だけで明解に総括出来るようなものではない。時代は当時より格段に豊かになっている。宗教に頼らずとも，物質的にはすでに現世において天国にいるような生活が実現している。また宗教動機でない経済動機のみの移民あるいは外国人留学生が圧倒的になっている。そしてウェーバーの予想（後述）したようにアメリカの起業家精神は賢い人，スピード感がある人がやる一種のスポーツのようなものになっているようだ。そこでは明示されたルールさえ犯さなければ，市場を巡る起業や競争で勝ち金を得ることは称賛されることはあっても非難されることはないという世界になっている。今日ではビジネスだけではなく何事も成果は金銭換算して測られる。

　もちろん経済的動機だけはあるまい。フェイスブックの創業者ザッカーバーグは若くして，大統領と大物経営者との食事会にも呼ばれ，大統領の隣で意見を聞かれる立場となった（因みに反対の隣はアップルのスティーブ・ジョブズであった）。成功者にはこうした社会的な評価や尊敬を勝ち得るという社会的動機もあるかも知れない。

　日本と比較して最も異なるのは，起業成功者が嫉妬や非難を浴びることが少ないことであろう。シリコンバレーで大金を浪費したり，派手な企業買収に乗り出したり，たとえマスコミに登場して浮かれても，ビジネスさえしっかりしていれば非難されることはあり得ない。アメリカではそうした高額所得者のランキング雑誌は沢山ある上，またインターネット上には起業家の個人所得，財産額の時価総額がリアルタイムで公開されてすらいるのである。

　この1つの理由は，彼が平等な機会を利用してライバルと競争して自ら一代で築いたという公平性，引退も早く会社経営自体には執着しないこと，また稼いだ財産のかなりの部分は人生の後半に慈善事業への寄付という形で社会還元が行われるためであろうか。またビジネスにはリスクがつき物であ

り，起業して成功しない，あるいは経営破綻することもある。日本では起業失敗者には，信用がなくなるため次の起業時に金融が原則としてつきにくい。アメリカでは起業失敗者は前回の経験を生かして成功する確率が高いという経験則もあって再起できる機会が与えられやすいと言われている。

　「会社が失敗しても，それが恥だったり面目がつぶれたりといったことはほとんどなかった。それどころか，一度（あるいは何度も）失敗したあげくに，最終的に成功した人々の一覧は，地域で有名だった。」（サクセニアン，A., 山形浩生他訳（2009）77頁）。

　つまりアメリカでは，成功も失敗も1人の人生ゲームの中の出来事なのである。ゲームと無関係な社会，組織がゲームに意見をいうという理不尽なことは起こらない。
　しかし日本ではビジネスはスポーツでも，ゲームでもない。もちろん公表されたルールはあるものの，その背後に社会が認める暗黙の作法がある。この作法の手順どおりに進めないと認められない世界がある。
　日本ではビジネスというとどこかイカガワしさ，後ろめたさを感じさせるという空気が依然としてあるようだ。また知識，教養や慎重さがない人がやるものという蔑視があるのではないか。銘柄大学を卒業したら，官庁や大企業に行くというのが通常の実社会という山の登り方であり，起業するなんてとんでもないというのがまだまだ「日本の常識」である。前に触れたように，東京大学出身の著名な起業家でも，森ビルの森稔，リクルートの江副浩正，ライブドアの堀江貴文もビジネス界と直結している法学部，経済学部出身ではなかった。彼らが，それらの学部出身であったなら大企業にすんなり勤め，あえてリスクを取って起業しなかったかも知れない。ちなみにアメリカ共和党の2012年大統領選挙候補となったミット・ロムニー氏はハーバード大学院（法務博士，MBA）を優等で修了後，選んだ職業は経営コンサルタントであり，次にベンチャー企業やバイアウト専門の未公開株投資会社を

共同で設立しその辣腕経営者であった，国を主導するレベルのトップ政治家の資質について彼我の違いを感じる。

しかしわが国でもベンチャー企業が上場して少し経つと銘柄大学出身のエスタブリッシュな人材が経営陣として会社に入ってくる。そして採用は銘柄大学からの採用が次第に主流となっていく。これは第3章で説明した現代の成功したベンチャー企業も同様である。わが国ではそうして初めてベンチャー企業は「世間」に認められた一人前の企業になっていくのである。

アメリカではビル・ゲイツは40歳台半ばでCEOを譲り53歳で引退したように，成功した起業家は早めに引退することが多いのに対して，日本は一般的に生涯働き続け，子供や親族を後継者として会社に入れる。そして財界，業界活動を熱心に行い，最後に叙勲を目標とすることがまだ一般的である[11]。

8. アメリカ資本主義のゆくえ

マックス・ウェーバーは宗教の種類（プロテスタントの教派）と経済活動を推進する精神に関係があると指摘し，それを論証しようとした。「金持ちが神の国に入るよりも，らくだが針の穴を通る方がまだ易しい」（「マルコによる福音書」第10章25節）というキリスト教の伝統価値観に対して，プロテスタントの国では事業活動を通じた利益追求が，決して卑しい，人から非難される行為ではなく，信仰，社会的倫理として良いことであり，むしろ積極的に推進することが望まれているような社会意識が形作られていることを見出した。

しかし彼がアメリカを調査したのは1904年であり，建国時代とは社会意識が変っていると思われることも多かったことだろう。『プロテスタンティズムの倫理と資本主義の精神』の有名な末尾の文章で次のように述べている。

「営利のもっとも自由な地域であるアメリカ合衆国では，営利活動は宗

教的・倫理的な意味を取り去られていて，今では純粋な競争の感情に結びつく傾向があり，その結果，スポーツの性格をおびることさえ稀ではない。将来この鉄の檻の中に住むものは誰なのか，そして，この巨大な発展が終わるとき，まったく新しい予言者たちが現れるのか，あるいはかつての思想や理想の力強い復活が起こるのか，それとも——そのどちらでもなくて——一種の異常な尊大さで粉飾された機械的化石と化することになるのか，まだ誰にもわからない。」（ウェーバー，M., 大塚久雄訳（1989）366頁）。

ここでいう「鉄の檻」とは，職業的禁欲を生み出した天職（義務）の信仰のことである。その後この檻の主はいないままなのであるが，多くの人々は既にそれ（職業的禁欲を生み出した動機）について疑問を持たないばかりか，職業的禁欲の精神に基づく営利活動のみが持続しているというのである。しかしこの状態はウェーバーがかつて研究した古いタイプの商人・高利貸資本家，つまり飽くことなき利益を追求していく貪欲な企業家とある意味で同じとも見えるが，それではない倫理，精神があるという。それについてウェーバーは直接述べていないが，宗教色はほとんど薄れているが，彼が関心を示していた世俗化した「教派」に代わるものは排他的なクラブや結社の存在なのではないかと推測される。

　ウェーバーはアメリカに渡ったプロテスタントの教派を詳しく調べている。カソリックが重視する教会職制の権威や司祭による秘蹟（洗礼や聖餐などの神の恵みを示す7つのしるし）が重要だととらえるのに対して，プロテスタントは個々人の信仰が大切であり，秘蹟と呼ばず礼典と呼びその儀式（洗礼と聖餐のみ）は教会の権威を認めず，平信徒が行うというものである。このような考え方を持った信徒のみが自由意思により結集した集団をウェーバーは「教派（ゼクテ）」と呼んだ。またこうした平信徒の聖職化，教会の俗人化が行われていくことに注意を向けている。宗教それ自身が，人びとを宗教権威で拘束するのではなく，ある倫理的態度「エートス」で日々の生活

に励むことを奨励したことが近代資本主義の発展につながった。「教派仲間の資本主義的な成功は，正しくかちえたものであるかぎり[12]，この者の救いの証明と恩恵の地位との証拠であって，教派の声望を高め教派拡大のチャンスを増すものであったから，そうした成功はよろこんで迎えられた。」(ウェーバー，M., 中村貞二訳（1988）113頁）。

　現在，資本主義が持つ一時的な不安定性や暴走のアンカーとなっているのは，国の政策努力や，それを補完する法律や規制，市場外部からの監視である。それでも人間が行う会計上の不正，新しい金融商品の予測出来ないリスク，国家財政破綻による国債デフォルト（これも金融商品の不払い）など，市場が一時的に機能不全に陥ったり，時にクラッシュするということが起こりうる。このように資本主義は必ずしも万全ではないが，これに代わるシステムは今見当たらない。イノベーションを取り込み，その成果を迅速に社会に広く普及させることについて最も効率的なシステムといえよう。しかしその限界や弊害を予防するためには最後は市場参加者のある程度の倫理的な行動が求められるのである。

　また何よりも強調しておきたいことは，弱点が指摘されているもののアメリカでは倫理的な仕組み（強欲資本主義の規制の動き）を内在しつつ，会社による自由な営利活動を促進する機構，起業家精神が社会に絶対に必要であり，維持しつづけると不退転とも言える決意を社会が持っていることである。

　企業や市場で不祥事が起きると日本ではまず犯人探しとその個人への糾弾が長々と続く。アメリカではエンロンやワールドコム事件のあと，政府や議会が迅速に着手したのは不正再発防止のための企業改革法（サーベンス・オクスリー法，SOX法）であった。これは企業の内部統制報告の制度，企業監視の強化や情報開示の徹底を義務づけるものであった。個人を裁くことも重要だが，それよりも先に市場の信頼性を復旧させること，システムの不備に対する対策と改善が第一との判断であった。市場でのゲームをなくせない以上，不心得者のプレーヤーが再び出ないようにゲームのルールを整備する

ことに真っ先に注力したのである。

　繰り返すがアメリカでは起業家の成功が社会的にも称賛されるという伝統が受け継がれている。これは西部開拓のフロンティア精神と同様，新しい地平を切り開くという精神がビジネス界にも繋がっていることの証なのだろう。今日シリコンバレーでそれを担っているのは皮肉なことだが外国人の方が多いが，逞しい起業家が次々生まれているのである。それを推奨し，経済が取り込んでいくというしたたかな戦略がある。世界から優秀な学生，才能ある人材を集め，起業のインフラを提供し，成功者の個人マネーをつぎ込み，アメリカ人をその会社で雇用すれば国籍すら容易に与えられる。技術変化や技術革新を素早く取り込んでいくには若い力が必要である。ここに移民が建国した国の強さが上手く生き続けている。

　イタリア出身の経済学者ルイジ・ジンガレスはアメリカの資本主義の特殊性について次のように述べている。

　　「「建国の父たち」は人民の人民による人民のための政府を設立しただけでなく，どんな政府にもある限界をものともしないで，人民の人民による人民のための経済体制まで生み出したのだ。資本主義というものが，もっと豊かになる好機を見つけた豊かなエリートの産物であることが多すぎる，世界の諸外国とは対照的に，アメリカ流の資本主義が存続して繁栄してきたのは，特殊な事情がそろっていたからだ。一般大衆の利益に気を配る政府。富の蓄積それ自体を目的というより道義的責任とした価値観。そして，このシステムをすべての民に機会を与えるという信念。このチャンスの国が，世界中から勤勉で有能な人たちを引きつけてきたのも無理もない[13]。」（ジンガレス，L.，栗田百代訳（2013）2頁）。

　ジンガレスは多くの国の起業は，政府のひいきや有力者のコネを活用したもの（クローニイズム，縁故者びいき）が実に多いが，アメリカの起業家は政府や政府の規制に関与しない純粋に自力によるものが多く市場派（プロ

マーケット）であると指摘している。それが実現した理由としてヨーロッパから離れていたこと，地理的に辺境の開放性（未開拓の市場が広い）があり，そのため独占がなく競争状態が常に維持されてきた歴史があるとしている。またそうした「自力でたたき上げた」起業家についてヨーロッパでは「成金」呼ばわりするという。つまり遺産を相続してあくせく稼がなくてよかった人のように「上流」ではないという意味で見下しているのである。「ヨーロッパでは，富は労力の報酬ではなく特権と見られがちなのだ」（ジンガレス，L.，栗田百代訳（2013）4頁）。

ウェーバーも指摘しているように，アメリカでは世襲された社会的地位の高さより，業績を上げられる個人的資質を評価するのである（ウェーバー，M.，安藤英治訳（1966）483頁）。財産を相続した富豪より，起業により一から財産を作り上げた者（成り上がり者）が称賛される。そして成功した成り上がり者は早めの引退をして，高齢になるまで慈善事業，社会事業を行うなどに支出して財産の大半を社会還元して子孫に美田を残さないという考え方（ライフサイクルモデル）をとる人が多いという[14]。

アメリカ資本主義は健全に機能し多くの富める者を生み出したが，一方で不況期には所得分配や地域間の格差を拡大することになるという負の側面をもちろん軽視してはならない。新国家の目的を，平等，生命，自由，安全と幸福の追求と高らかに宣言した国として格差が依然として大きな問題となっていることは事実であり，平等の定義自体から難しい問題であるが喫緊の解決を迫られている課題となっている。

このように今日では正しい営利活動は，卑しむべき行為どころか，国の成長と雇用を生み出す原動力として積極的に推進されるべき価値ある行為となり，それに活性化の観点からもその育成に疑問を挟む余地はなくなったのである。しかし日本では，古くかつ時に不可解な「世間」という倫理が厳然と存在しているように見える。出る杭は「世間」に打たれてしまい，その結果残る担い手はいつの時代も少数で，しばしばひ弱である。しかし生き残る担い手は，こうした日本的「世間」を視野に入れつつその批判を受けないよう

慎重に行動するか，あるいは隠密裏に行動し決して「世間」に姿を見せないという「賢さ」を常に身につけてきた。特にライブドア事件以来多くの起業家は徒党を組まずひっそりとして目立たないよう行動することが長く続いた。同事件以来起業家が放送，政治に近づくのは禁忌となったのである。しかし一方では政策当局は成功した起業家がロールモデル（役割りモデル，模範例）として多くの潜在的な起業家予備軍に姿を見せる必要があると指摘してきた。憧れの起業家がいないとゲームに参加しようと挑戦する者の母数が減ってしまうとの懸念からである。

こうした日本的「世間」の倫理は経済（資本主義の精神）に対して健全に働いているのだろうか，あるいは阻害要因になっているのだろうか。

注
1 Bygrave, W. D. and Zacharakis, A.（2010），バイグレイブ，W. D.，ザカラキス，A.，高橋他訳（2009）『アントレプレナーシップ』。
2 アメリカにおけるキリスト教の歴史については，森本あんり（2006）や大宮有博（2006）などを参考とした。当初メイフラワーで入植した移民の半分は聖徒ではなかったという。
3 移民して暫く経つと宗教心の希薄化，信仰のゆらぎや信仰ではなく経済動機だけの移民の流入が増加し，それに対応する宗教復興運動（巡回牧師による大覚醒運動），新しい宗教の布教などが起きた。また移民による植民地建設も平和裏に順調に進んだわけではない。信仰の違う住民同志の紛争，同じ宗派での信仰解釈の違いなどによる対立や離反，地域によっては先住民インディアンとの戦い，黒人奴隷問題など理想の地とは全く別の深刻な問題も抱えていた（有賀貞他（1994）第1章参照）。
4 「心の習慣」とは『アメリカの民主主義』を書いたアレクシス・ド・トクヴィルが使った言葉で，アメリカ人のモーレス（mores ラテン語。習律，正しいと信じる行動様式）のことを指している。
5 例えば社交目的だけの人達もいることについては，ハロラン芙美子（1998）13頁参照。
6 平川祐弘（1990）参照。
7 経済史家のコクラン，T. C. によると1800年時点で，英国，フランスでは近代的な株式会社はせいぜい20社程度しか存在していなかったが，アメリカでは300社以上存在していたことを紹介している（コクラン，T. C.，正木久司監訳（1989））。
8 結社については，綾部恒雄（1970），カーンズ，M. C.（1993）などを参考とした。
9 ウェーバーのプロテスタンティズムの倫理と教派（ゼクテ）の関係について詳細な考察を加えている論文として星野修（1987）がある。
10 例えば典型的にはグーグルHP参照「Googleが掲げる10の事実」「働く10の理由」。

11 日本には天皇から授与される位階（勲位という階級）とそれにリンクした褒章（菊花章，桐花章，旭日章などの褒章）などという形のある社会的名誉が存在する。実業人も役人・軍人に準備されたこの名誉を同じように欲しがった。ちなみに米国には軍人のための勲章が主で，他は大統領自由勲章など高い実績ある政治家，政府高官，学者や大物民間人などが対象の国家の名誉章であり，一般の実業人はほとんど対象ではない（最近ではウェンディーズ創業者のデイブ・トーマスや投資家のウォーレン・バフェットがいる程度である）。

12 ここで「正しくかちえたものであるかぎり」と断りがあるが，ウェーバーはメソジスト派が掲げるビジネス上の禁止事項を紹介している。内容を要約すると次のような項目となる（ウェーバー，M.，中村貞二訳（1988）97頁）。(1) 値切り交渉を行う，(2) 脱税品の取り扱い，(3) 国法上の限度以上の利子をとること，(4) 資本を売却し現金化すること，(5) 支払い能力を越えた掛買い，(6) 贅沢なことすべて。

13 シリコンバレー在住でベンチャーキャピタリストの伊佐山元はオバマ大統領の次の演説を紹介している。「起業家こそアメリカの約束を象徴している。良いアイディアがあり，それを実現するまでの努力を怠らなければ，この国では成功するという約束だ。また，起業家は夢を実現する過程で成長と雇用をもたらす。」（伊佐山元（2013）68頁）。

14 貯蓄理論では日本の高齢者は美田を子孫に多く残したいという「王朝モデル」であると言われている。

第 6 章

結　語
―― 起業とは，「世間」とは ――

1. 資本主義社会の論理とその不備

　米国では 2011 年秋にウォール街で所得や資産の格差是正を求めて失業している若者らによる「99％の反乱（デモ）」「オキュパイ・ウォール街」運動が起きた。オバマ大統領も一部の富裕層の強欲さを非難し，こうした階層に対して増税などの措置も検討しはじめていた[1]。リーマン・ショックに始まる金融危機や失業の問題の高まりを背景にして先進国では「貪欲な資本主義」の見直しの声が起きた（読売新聞 2012 年 2 月 22 日）。
　こうした運動は資本主義システムの全面否定ではないものの，所得や富の分配の仕組みの不備，格差の拡大が顕在化していくことに対する危機意識から出たものといえる。これにある程度歯止めをかける仕組みが現在模索されるようになっている。資本主義が本来的に持つ弱点の古くて新しい問題と捉えることが出来よう。
　アダム・スミスは利己的な経済人の活動と成果，一方でそれを生み出す利己的以外の感情も持つ人間の分析をした。さらにこれらの人間をコントロールしている社会の仕組み，暗黙のルールを社会論の立場から取り上げてみたい。さらにルール以前の社会や世間の雰囲気やムードについて考えてみる。
　元々「世間」「空気」など曖昧な概念は学問の対象ではないものと思われてきた。それを阿部謹也が社会史家の視点から西欧と日本の社会を比較し，その問題を指摘した。本書ではそれに触発され，日本のビジネス社会，特に

起業風土の問題として整理しなおす1つの試みを行った。

　基本的に経済はマクロの視点，長期の視点からみれば経済は合理的な行動によって動いているとみられる。しかし個々の経済主体である企業や個人の意思決定レベルになると非合理的や文化など非経済的要因で動くことも理解されている。ここでは企業を創り出す主体である起業家に的を絞って議論をしてきた。かつて聞いた言葉だが，いつの時代も，またどの分野でも才能ある人を求めている。それは年齢，性別，宗教，その他の属性とは関係ない。才能があれば何でも挑戦できるような社会環境，経済環境の整備が必要であろう。もちろん決められたルールを遵守してという前提は崩せないことは言うまでもない。

　本書の立場は，起業家精神と銘うったものの，それは構造が堅固とした哲学や思想のことではない，また行動を支えている起業文化といわれるものとも微妙に異なる，もちろん社会集団の心理や流行などでもない。学問的ではないかも知れないがむしろ起業家をみる時代の「雰囲気」のようなことを議論すべきであると考えた。

　起業家精神を成り立たせているものとは何か。もちろん日本の場合はマックス・ウェーバーのいうエートス，「経済的心情」というほど強いものではない。しかしその「雰囲気」こそが実は「法律」「規制」「規範」よりも起業家を生みだすこと，また生み出した後の成長に大切な要素だと考えるからである。「場の空気」といってしまうと元も子もない気もしている。碧海純一は「文化の一部としての法」を論じているが，そうした社会や文化がもつ交錯関係の中ですべての物事は規定されて，その後の経済のパフォーマンスや成長の軌跡を決めていくように思われる。今の日本は海外発の経済危機からの影響，国内の自然災害により国の経済基盤も動揺するような状況に直面した。こうした中で政治も政権が再交代して，新たな政策パッケージが打ち出され市場のセンチメントが変わりつつある。しかし財政は危機的，金融政策はこれ以上ないまでの緩和によりほぼ限界まで達している。これから期待されているのは，もともと強い保守主義，縮み志向が更に強まる中でリスクを

とり新しい事業に賭ける起業家という酔狂な人間がどれだけ多く出てくるかどうかなのである。起業家により新しい企業が生み出され，ある程度目鼻がつけば，あとはそれを成長，発展させていく様々なレベルの支援者，専門家たちが相応にこの国にはいる。不足しているのは経営の「素人」である起業家が意欲を持ち事業や企業に挑戦するような「雰囲気」が日本全体に欠けていることだ[2]。また少し出てきても，彼らに対しライブドア事件以降社会の見る目は依然として冷ややかである。

　リスクはあるものの起業活動は詐欺や投機的行動と全く異なる。生活の利便や豊かさを改善して，人を雇用し，税金を負担し，国の経済成長に寄与する存在なのである。これを伸ばさずして，人口減少社会日本の未来は暗いと言わざるを得ない。ユニクロを展開しているファーストリテイリングの柳井正は戦後の日本で燃えるような情熱を以った経営者松下幸之助，本田宗一郎，盛田昭夫を挙げて次のように述べている。

　　「「資本主義の精神」のなんたるかを理解した，正当な起業家が何人もいたからこそ，日本は高度経済成長という偉業を成し遂げることが出来た。」
　　（柳井正（2012）84頁）。

2. ライブドア事件の背後にあった空気

　本書ではライブドア事件を通じて日本の起業家精神の変容とその背後に存在した日本的「世間」の動きを考えた。この事件は個別性の強い特殊例外的な事件ではなく，日本社会に長く続いてきた起業に対する見方に根ざして，起こるべくして起きた事件だとみられる。起業について，あるいは成功した起業家についてのアンビバレントな感情や見方により起業が左右される風潮を今後改めていかないと，わが国の企業を通じたイノベーションの実現も，新興企業を通じた雇用の拡大も期待できないことになる。シュンペーターのいう「創造的破壊」とは古い既存の秩序を壊し新しいシステムを導入して経済構造をつくり変えていく産業上の突然変異のことである（シュンペー

ター，J.，中山他訳（1995）130-131 頁）。ここでは当然だが壊される側の抵抗が生まれる。既得権を享受しているものはしばしば政治的な権力と結びついて，新興勢力を排除しようとするのが世間の習いである。リクルートでは既存の広告媒体からの抵抗があり，ライブドアでは頑迷な放送業界の抵抗にあった。共にもともと政治と密接な関係を築いている業界であった。新興の両社が真の創造的破壊者だったのか，その時期や力が不足していたのかは検証が難しいが，わが国がビジネス上の創造的破壊に抵抗する体質を強く持っていることの 1 つの例証であるとみられる。

　法律に抵触する行為はもちろん論外であるが，ルールの事後的な変更やぶれる余地の大きい社会規範，社会通念といった漠とした雰囲気から裁量的に経済行為に制裁が起きる愚は改める必要があるだろう。法が成立した考え方を理解して行動すべきという一部の法律家の意見では，成文法はどうでも良いことになってしまうのではないか。立法過程では想定されるすべての抜け道を排除した形で行われている，ということをまず前提として初めて個々の経済主体は行動できるのである。堀江貴文はいわゆる KY で，「世間」知らずだったから経済界から追放されたのか，本当に法律違反したから裁かれたのか。また量刑は妥当であったのか。それを冷静に検証していくことはわが国特有の「世間」の強さを今後判断する材料になるものと思われる。

　この経済事件を振り返ってみると日本の「世間」は強くなっているように感じられる。戦後の混乱期，経済成長期は古い「世間」は鳴りを潜めていたが，今日日本経済の成長がほとんどみられないことが常態化し，かえって「世間」は勢いを盛り返してきたのではないか。それは成長の果実が乏しい中で，いろいろな「世間」が独特の倫理を振りかざして必死に既得権を守ろうとしている顕れに外ならないと感じられる。既得権とは「世間」が持つ資源であるが，ビジネスの世界でいうと業界の既得権益，競争秩序，権力構造などであろう。皮肉なことにこれ自体がいまは却って経済成長の足枷になっている。

　新規参入者が来ればなんらかの形で既得権は犯される。その場合新規参入

172　第6章　結語——起業とは,「世間」とは——

図表18　アメリカと日本の比較

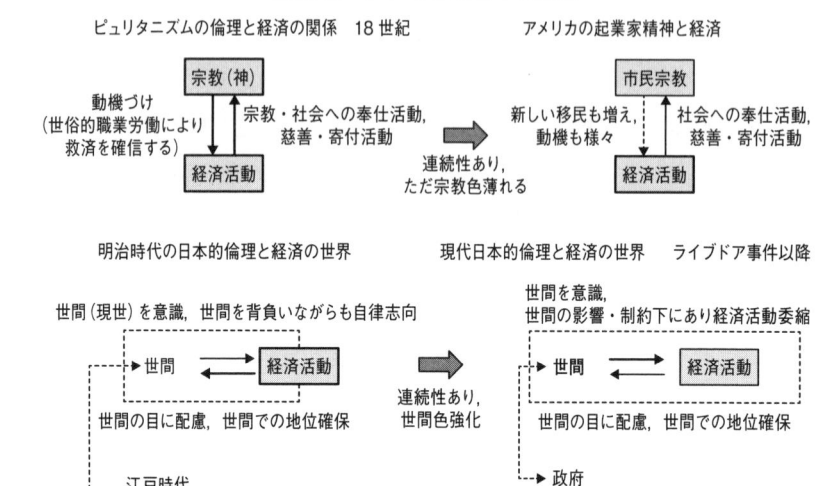

ピュリタニズムの倫理と経済の関係　18世紀　　　　　　　アメリカの起業家精神と経済

```
        宗教(神)                                    市民宗教
動機づけ    ↕  宗教・社会への奉仕活動,      新しい移民も増え,  ↕  社会への奉仕活動,
(世俗的職業労働により  慈善・寄付活動    連続性あり,  動機も様々         慈善・寄付活動
救済を確信する)                         ただ宗教色薄れる
        経済活動                                    経済活動
```

明治時代の日本的倫理と経済の世界　　　　　　　現代日本的倫理と経済の世界　ライブドア事件以降

世間（現世）を意識,世間を背負いながらも自律志向　　　世間を意識,
　　　　　　　　　　　　　　　　　　　　　　　　　　世間の影響・制約下にあり経済活動委縮

　　世間　⇄　経済活動　　　　　　　　　　　　　　　世間　⇄　経済活動
　　　連続性あり,
世間の目に配慮,世間での地位確保　世間色強化　　　　　世間の目に配慮,世間での地位確保

　江戸時代　　　　　　　　　　　　　　　　　　　　　→　政府
　村の倫理　　商いの倫理

出所）筆者作成。

者の立ち居振る舞いに難を付けて排除してしまう[3]。そうしたことが起きても不思議ではない。いつの時代も新参者は歓迎されないことが多いが,新しいもの,需要者に有利なものを持ちこむものはいつも新参者である。経済のシステムとしては,如何にうまく新参者が持ちこむイノベーションを利用するかであり,立居振舞で端から排除する愚は避けなければならない。また社会は新参者に競争のルール,規律を教えることも必要であろう。それが出来ることが,結果として経済のダイナミズムを維持することに繋がる。

　起業という行為は,文字通りゼロから企業を興す高リスクの冒険的ともいえる行為である。現在事業基盤を持ち,確立した地位をもつ大企業もかつては1人の起業家が獅子奮迅の努力をしてその基礎を作り上げてきたのである。生みの苦しみ,誕生した後の困難は想像に余りあるものがある。中には会社設立時の資本金でさえ他人から借りることや,現物出資で資本を捻出せざるを得ないことなど資金面は苦労の連続で,会社存続が綱渡りであること

がほとんどである。顧客も設立当初は，特定の企業や官庁の人脈にだけ依存するという歪な時期を経験して，真の顧客基盤を作り上げた会社も多い。まさに金も人もいないところから，無理を押してビジネスを展開してきている。いわゆる「きれい事」だけでは，企業を生み育てることは到底おぼつかない。まず，これをまず理解することが必要である。ソニーの井深大は，創生期にトランジスターラジオを日本で一番最初に苦労して製作したが，多くのライバルがすぐ追いついてきて乱売になったことを回想しながら，次のように述懐している。

「人がやったというニュースだけで日本では同じものがすぐできるというふしぎな性質がある。これはそれを作るだけの技術力はじゅうぶん持っていながら，これを思い切って企業化しようという勇気にかけていることを証明しているようだ。すべての分野で日本の技術力に自信を持ち思い切った決断を下せるようになったときこそ真の日本の暁は訪れるだろう。」（井深大（2012）83頁）。

しかしだからと言って何を行っても許される訳ではない。会社を軌道に乗せ，拡大していく中で，ルールの整備や法律の順守を厳格に実施していく力，組織力が求められる。組織として様々な社会的リスクにコストを払い正しく対応することが必要である。それが出来ない企業は，多くの利害関係者の負託に耐えられず，市場から退出することは当然である。フランスの富豪ロスチャイルドは「リシェス・オブリージュ Richesse oblige」（富は義務を負う）と言っているが，会社とは本来の事業遂行とは一見無関係な様々な公益の義務を果たして初めて企業市民として存続を許されるものである。

ここでは時代をかなり遡り，明治の企業思想に若干触れた。当時近代日本を早急に作り上げるためには富国強兵というスローガンの基に，官民挙げて，産業の新興と軍事力の整備が急務であった。短期では国債，外債で資金調達するにしても，少し長い視野でみれば軍事力の整備は産業振興の成果に

よって内部資金を生み出していく必要があった。伝統産業の拡大と外国から取り入れた技術と知識によりインフラ整備事業も含め近代産業を立ち上げ，自立した成長軌道に乗せることが必至だったのである。明治はすでに遠くなっているが，明治の時代に経済を作り上げた先人起業家は，現在よりももっと苦難の道であったと思われる。明治は政府の要人とルートがなければ，初期の事業資金面，人材面，リスク負担の面から事業成功はかなり困難であったと思われる。接待，賄賂，不当廉価の払い下げの類いが満ち溢れていたと思われる。明治のマスコミもこれを叩き，事件に発展したことも度々であるが，これら明るみに出たものはケタ違いの大きな不正であり，"小さな不正"は日常茶飯事であったと思われる。戦時体制下では戦争遂行の観点から民間企業に軍事協力体制が求められその見返りで潤い規模を拡大した企業も存在した。そうした歴史経路の果てに今日の企業体制が出来上がっている。それには本書では触れないが，それらの歴史的経験を飲み込んで今日まで，公正な企業活動が生き残り，我々の経済が成立しているとの理解が必要であろう。最初の一歩を忘れてはなるまい。

3. 改めて日本の「世間」とは何か

阿部謹也は夏目漱石の『吾輩は猫である』に登場する人物の描き方に触れて，「この作品の中で扱われているあらゆる問題に通底しているのは，世の中と世間のあり方の中で個人がどのように生きるかという問題なのである。……ほとんどの人物がすでに述べたように「世間」から少し距離をとって生きようとしているのである。」(阿部謹也 (1995) 188 頁)。

いままで見てきたように「世間」は狭い社会，狭い日本の中で，我々が争いなく平和に過ごすために時間をかけて作り出してきた知恵なのかも知れない。特に維新後の明治社会では，「世間」は近代化の負の側面である精神的な緊張関係を緩和して，人間関係を維持，相互の助け合いなど，互いに体力を壊すような競争を避けるための工夫が詰まっているシステムであったとい

う見方も出来よう。しかし，時代は変っている。

　反面で近代化のメリットである効率性追求，創造性のある者がどんどん勝ち上がっていくシステム，時には年功序列を飛び越して実力主義で発言が行われるという点については，「世間」は逆に作用してしまう。しかもその働き方は，しばしば理屈が明確ではなく，ともすれば陰湿な制裁やいじめとなりやすい。世間では同質が原則であり異質な者は排除していかなければならない。極力長老の心地よさを維持しなければならない。世間という組織に進歩は求められていないのである。しかし異質な者，他人と違う考えをする者がイノベーションを運んでくるのである。イノベーションと世間は本来相容れぬものであるといえよう。

　結論として「世間」がなくならないのであれば，その「世間」の居心地の良さを維持する勢力に対し，「世間」の倫理と経済の峻別を図っていくことが何よりも必要であろう。時代の空気を意識して変えることは難しい。また変えられるものかどうかも実は疑わしい。それに影響を与え得るものは，明治の時代であれば福沢諭吉のような見識がある大啓蒙家がいたのだが，それがマスコミや論壇に変わり，最近ではインターネットとなり，特に若年層ではツイッター，Facebook などによる有名人，無名人の様々なつぶやきになるのであろう。そうした細切れの思いつきが，新たな別の世間となる愚は避けなければならない。健全な起業思想を育だてることが何よりも必要である。

　アメリカは市民宗教という「理念」が一本筋を通している国であるのに対して，日本は「世俗」優先の国である。宗教も民族も決定的な制約とはならないうえ，平等，合理的ではあるので自由に振舞っていると，「世間」が突然登場して理念ではない「奇妙な理屈」をかざし突出した杭を打ちにくるのである。それをここでは阿部謹也の発見した「世間」を借りて「世間の倫理」と呼んでみた。

　日本的な「世間」をどうしたら良いものか。漱石のように『坊っちゃん』で教頭の赤シャツが，直情径行な新米教師の坊っちゃんに諭す「世間」の怖さを次のように表現している。

「無論悪るい事をしなければ好いんですが，自分だけ悪るい事をしなくっても，人の悪るいのが分らなくっちゃ，やっぱりひどい目に逢うでしょう。世の中には磊落な様に見えても，淡泊な様に見えても，親切に下宿の世話なんかしてくれても，めったに油断の出来ないのがありますから……。」(夏目漱石（1950）69頁)。

　世間側の赤シャツが教えているのは，「世間」は自分だけが純粋に行動し気をつけているだけではだめで，他人（世間）を良く知る必要があるということである。
　現代の起業家が挑戦の精神を失わず，エスタブリッシュメントに挑戦し，あるいは彼らが手掛けない新たな事業に取り組むことにより閉塞感漂う現代社会に風を吹き込み，将来への展望を開いてほしいと期待せずにはいられない。
　そのためには，それを阻んでいるウェーバーの言う「伝統主義的エートス」，本書の言葉でいうと「世間」を少なくとも「経済の世界」では排除していかないと，日本の新しい資本主義の精神，起業家だけでなく働く人の意識も真に転換していかないのではないかと思われる。

4. 新しい道へ——わが国への処方箋

　起業家精神を発揮させるようなわが国の起業風土を健全にするためにどうすべきかを少し考えてみたい。まず個々人の自律がまず前提となるだろう。すなわち「セルフメイドマン」である。経済的自立とともに自分の価値基準と倫理基準に基づき行動できることが必要である。しかしこれは別に「世間」から離脱せよ，ばらばらの個人として孤立して生きるべきということでは決してない。個人として「世間」と適切な距離をとることである。独立した考えを持ちつつも，孤立したり突出しないよう現実的な対応として「世間」の倫理もある程度理解しつつ行動できるようにすることである。
　一方日本的な「世間」はどうすれば良いのだろうか。自律した個人の成長により「世間」も変化を遂げていくことが予想されるが，能力の差が大きく

ない人々がいて，好悪の情がなくならない限り，決してなくならないものと思われる。それを前提として考えると偏った「世間」の論理で個人を論難しない，少なくとも個人の権利，自由な意思を妨げることまではすべきではない。つまり起業家の成長の芽を摘まない，日本経済の成長のために必要な起業活動について理解を示していく努力が必要である。

　ビジネスに安全なものは1つもない。リスクフリーのビジネスを謳うものがあるとしたらそれはビジネスではない，詐欺か何か別のものである。成熟したビックビジネスは資本も手厚いことから多くのリスクをとることが出来，それらのリスクを飲み込んだうえで採算がとれるビジネスを手がけ，社会の期待に答えている。一方ベンチャー企業などスタートアップビジネスには，大きなリスクがあるばかりで，社内に蓄積が乏しくこうしたリスク負担力が本来的に欠如しているのが通例である。その中で生き残りをかけて活動しているのである。それを見守り，支援していくような足長おじさんのようなある意味で鷹揚な「世間」が必要なのではなかろうか。

　この問題に示唆を与える1つの興味ある考え方として，ここではアメリカの社会学者アミタイ・エチオーニが提唱するコミュニタリアニズム[4]（新しい共同主義）を取り上げる[5]。彼の主張は経済に止まらずさらに社会一般の設計に関してであり，国家あるいは市場と個人の両立を図るという古くて新しい問題を解きほぐす考え方である。コミュニタリアニズムというとリベラリズムに対して一定の方向から圧力をかけるものとして反発があるかも知れないが，決してそうではなくきわめて穏健で妥当な考え方と考えられる。ここでエチオーニの主張するコミュニティとは地理的空間としての地域社会ではなく，より広義の自発的結社（ボランタリー・アソシエーション）的な集団すべてを指している。

　エチオーニが定義する善き社会は社会秩序（道徳に価値を置くもの）と個人の自律（自由，権利）の均衡を図る，バランスを注意深く維持するということが必要であるというのである。彼自身が指摘しているが，日本は強力なコミュニタリアン的要素を持って継続している社会だが，社会秩序，モラル

の声が強すぎて，個人の自律が弱いという善き社会のバランスが崩れているという（Etzioni, A.（1997）pp.78-79, エチオーニ，A., 永安幸正監訳（2001）123頁）。

また別な視点から次のようにみている。

「構成メンバーに強い圧力をかけて規律に順応させたり，メンバーの自律に制限を加えるような社会は，適応性の欠如に苦しむことになる。日本は高度に順応的な人びとが多いだけでなく，また西洋の社会と比較して科学や芸術面の革新も比較的少ない社会のようだ。」（Etzioni, A.（1997）pp.23-24, エチオーニ，A., 永安幸正監訳（2001）47頁）。

彼が後段で指摘している「科学や芸術面の革新」の見解が正しいかどうかについては，にわかに判断しかねる面もあるが，ここの「社会」を「ビジネス」に置き換えると違和感はないのが不思議である。

「すべての社会秩序は何らかの共通目的への奉仕のために，社会のメンバーの時間，財産，エネルギー，忠誠心を動員するプロセスを備えていなければならない。しかしそれは，社会が特定の機関を設けてこれらの動員を意識的に行っている，というのではない」（Etzioni, A.（1997）p.10, エチオーニ，A., 永安幸正監訳（2001）27頁）。

つまり共通価値を含んだ社会秩序は，その社会のメンバーである個人が自由意思（自発的に正しいと信じている）で行うことに基礎をおいて維持されるものであり，そのためには価値規範的手段（教育，リーダーシップ，合意，仲間の目，役割りモデルの提示，勧告，とりわけコミュニティのモラルの声に訴える）が必要になるという。つまり所属する社会の社会秩序は，共有の道徳価値による秩序であり，メンバーはその秩序に献身する義務があり，社会にはその義務を履行させる手段があるという（Etzioni, A.（1997）

p.12, エチオーニ, A., 永安幸正監訳（2001）31頁）。

「(筆者注, コミュニティの) モラルの声とは, 特殊な動機づけの形式であり, 人びとが自ら同意する価値をきちんと遵守するよう他の人びとに促すものである。……モラルの声には, 二つの主要な源泉があり, 互いに強化し合っている。一つは内的なもので, 教育, 経験, 心の発達にもとづいて, 共有価値であるはずだ, と各個人が信じていることである。もう一つは外的なものであって, 共有価値を守らせようとする他者からの促しである。」(Etzioni, A. (1997) p.120, エチオーニ, A., 永安幸正監訳（2001）177頁）。

エチオーニの立場（コミュニタリアニズム）は, 個人の自律・自由を最優先するリバタリアン（完全自由主義者, 自由至上主義者）・リベラル派個人主義者と濃密な社会秩序の存在を肯定する社会保守主義者の中間にある。リバタリアンは, 個人の自由を選択する権利を守ることを重視し, 秩序を維持する義務には関心を持たない。すなわち秩序は完全に無制約の独立した個人の行為の集積として自然に発生するものであるという立場である。一方コミュニタリアニズムは人間を常に文化的影響を交換しあい, 社会と道徳の影響をうけ形成される存在であり, 1つあるいは複数のコミュニティのメンバーであることを重視するという立場である。また社会保守主義者の多くは, 法や宗教価値の権威を利用しようとするが, そのような広範な範囲に単一の価値を押しつけるのではなく, コミュニタリアニズムは限定された範囲で受け入れられる価値の維持を考えるという。エチオーニの主張する善き社会は現実を考えるとこうした微妙な均衡の上にあり, 一見理想論のようにみえるが, 本書の問題意識との関連では彼自身の次のような見方が大いに参考になる。

「社会性〈社会の秩序, 介入〉が過剰になれば, 固有の諸問題を引き起

こす可能性はある。こうした諸問題には，コミュニティの必要性という名目の下に個人の権利を削減すること，調和の名のもとに創造性を抑えること，さらに自己についての意識を抑え込み，家族やコミュニティのしがらみによって個性を失わせることなどが含まれる。」(Etzioni, A. (1997) p.26，エチオーニ，A., 永安幸正監訳（2001）52 頁)。

コミュニティは第二次世界大戦中の日本の「隣組」制度のような時として個人の自由を抑圧し強制的な価値観の押しつけや，相互監視的になるような組織であってはならない。それでは日本的「世間」と大差ないことになる。個々人が自由意思で参加し，共通の利益に関心を持ち，その義務を自然と醸成していくような組織，集まりのことである。この点は日本的経済風土を考える時，示唆を与えるものと思われる。コミュニティの果たす役割りに期待してはいるものの，それが個人の権利や自由な行動を阻害するものとならないことが重要である。マイケル・サンデルが政治哲学の立場から懸念しているようなコミュニタリアニズムの誤った方向性，すなわちコミュニティの多数決主義についてはよく注意をする必要がある（サンデル，M., 鬼澤忍訳（2011）372-376 頁）。

　誤解を与えそうな表現になるが，日本的「世間」の危うさは「宗教」「結社」のような参加者による強い道徳的合意が最初からない点にある。そして「長幼の序」「好き嫌い」「嫉妬」のような曖昧な「世間内の空気」に意見が流されているところにあるのではないか。その理由の1つとして，「宗教」が洗礼などの入会の儀式により，「結社」も入社儀礼が重要であり共に人為的に入る，あるいは入られるのに対して，「世間」には入会の儀式がないこともあるのではないかと思われる。宗教や結社は道徳的価値が明確であるのに対して，「世間」にはそうした価値や理念というものが明確ではない。メンバーが承認して受け入れている価値基準であれば，それを承知で入会しているのでその組織の総意からの評価はまだ受け入れられる。そうした手続きがない「世間」の責任のない声が問題なのである。またそうした罪の意識の

ない「世間」により、公的な規範が動いていくことが本来自由で柔軟性のある経済活動を制約していくことになるのである。

経済学者の猪木武徳も早くから同様の問題を論じている。猪木によると市場機構の利点は資源配分の効率性の達成など多くあり、このシステムを捨てるということは出来ない。しかし一方で競争の行き過ぎ、不正、短期的利益重視などの弱点もまた存在していることからそれをサブシステムで補完し、市場機構をうまく使いこなしていくことが重要であると指摘している。

> 「市場機構は、交換の正義を実現する装置であって（それはちょうど民主主義が政治的平等を実現するための装置であるように）、単一共通の具体的目標のため、人々が経済活動を行っていないところにその本質がある。つまり個々人のばらばらな経済行為が、市場交換を通して一つの調和を生み出すところに、市場機構の特色が存在するのである。「他人」がつくり出したものを交換を通して獲得することにより相互に利益を受け、「他人」がどういう目的でそれをつくり、「交換」が相手にどのように役立つのかを確認する必要がないメカニズムである。……そしてこうした市場における自由な選択が、大きな逸脱を生み続けないためにも、別の次元から、すなわち道徳的次元から市場の選択を支え、また市場機構そのものの倫理的土台を公共の精神で支えることが必要とされているのだ。」（猪木武徳（1997）138-139頁）。

その後の著作で猪木武徳はこのサブシステムの具体例として道徳に代わり、中間組織や公共善の概念を挙げて論じている。

> 「労働組合、経営者団体、各種職能団体、消費者団体などが、それぞれのメンバーの利益を公共性になじむものへと転化しているという機能は市場経済において無視することは出来ない。……その最大の理由は、おそらく巨大化し、複雑化した現代の社会生活は、その全領域を private と pub-

lic という二つの局面で区切るだけでは不十分となってしまったという点にある。いまや人間の社会生活には private でもない，public でもない，あるいは private にも public にも統制できない局面が生じており，それを common という領域として位置付けて，公共の利益の増大に結びつける可能性が求められている。」(猪木武徳 (2001a) 119 頁)。

また経済学者のルイジ・ジンガレスは「信頼」のことを彼が公民資本 (civic capital) と呼んでいるものの一例だとして，それが経済システムを円滑に進めるのに欠かせない潤滑油であると述べている（ジンガレス，L.，栗原百代訳 (2013) 228 頁）。

公民資本とは市民の道徳意識やその伝統を指すような意味として使われているが，ジンガレスによると「すべての個人がいつでも狭い自己利益のために動くというのは経験上，正しくない。本当の問題は，狭い私利の追求が望ましい結果をもたらさないとき，社会に益するように人々を振る舞わせる持続可能な社会規範はあるのかどうかだ。」（ジンガレス，L.，栗原百代訳 (2013) 242 頁）。

彼の指摘のように暴走を防ぎつつ私的利益を最大限活用して効率を生み出す資本主義を維持するためには，政府の介入・規制や過剰な利益の収奪，再配分策という弥縫策だけでは限界がある。システムに参加する者すべてが，社会的規範や猪木武徳のいう common 空間を意識した知識や道徳（公知，公徳）を備えることが資本主義システムの安定と発展に欠かせないことを認識する必要がある[6]。その役割を社会の誰が行うのか。ジンガレスはアメリカではビジネススクールがその役割を担うことを示唆しているが，わが国では果たしてどうなのだろうか（ジンガレス，L.，栗原百代訳 (2013) 245-249 頁）。

以上述べたことを総括すると，これからわが国の起業活動が目指すべき道は野放図の市場原理主義ではないことは明白である。つまりライブドア事件を側面から演出したような利己的な資本主義ではもちろんない，かと言って

4. 新しい道へ──わが国への処方箋　183

それをただ断罪する側に回った保守的な利権墨守的な古い「世間」の強権力でも，あるいは古い共同体の復活でもない。また一方で起業家にのみ高い倫理性を求めすぎるのも筋違いであろう。起業動機，経済動機は維持して多くの起業家を輩出させ，必要があれば彼らを後付けでうまく導くような技術や知恵が経済社会に準備しておくことなのである。その1つの仕組みとして起業の知識を持つ経営の先達者からなる中間組織の存在が求められるように思われる。

わが国の実業界の「世間」を構成している主要メンバーのほとんどは起業経験者ではなく，大企業組織において社内官僚として栄達した内部昇進型エリート経営者である。起業に関する専門知識は元々持ち合わせていないばかりか，また理解しようとするつもりすらなく偏見を持つ者もいると思われる[7]。こうした「世間」の良識ある人々は一面では経営の専門家と言えるのだろうが，起業の重要性すら気づかず彼らの言動が国として必要な起業家の成長の芽を摘む愚に繋がることは節に避けなければならない。

特に起業経験のある経営者がスタートアップ企業に対して，経営指導する体制づくりを行う必要があるが，その対象となる人材の不足がネックとなっている。海外の経験者を登用するなどの政策も今後考慮していく必要があるものと思われる。

起業を盛んにして，成長力のある新興企業を育てるためには，その創造的な活動を支援するとともに，経営のルール，倫理等も教育していく必要がある。その役割りを果たす存在として「世間」ではなく，新しい共同体（コミュニティ），結社などの自主的な中間組織（ボランタリー・アソシエーション）の存在を一度見直し設計することが求められる。民主主義を補完する組織として結社が重要であるように，市場経済や起業についてもその利益を担保するために責任感のある結社の役割りを見直すべきだと考える。これらを意識的に活用して新興企業に社会的「共通善」を意識させるよう規律づけを行いながら，かつ市場をうまく活用していく資本主義にならなければならない。もともとわが国の資本主義は，純粋な市場主義一辺倒ではなく，ト

ヨタに代表される自動車生産方式にしてもサプライヤー企業群を中間組織としてうまく活用して生産方式の効率化を図ってきたように市場と中間組織の折衷システムを形成して成功したという歴史がある。中間組織を企業活動の補完組織として利用できるようにしていくことが，起業のようなナイーブな事象には正に適しているように思われる。新しい起業支援コミュニティがより多く誕生し機能することが，事業成功の確率を向上させていく１つの鍵になるものと思われる。

　ここで参考になるのは，シリコンバレーにおける民族別の技術結社である。サクセニアン，A. によると 2004 年で中国人とインド人系だけで 30 以上あるという。そのうちの１つで中国本土出身者の団体を紹介しているが，そこでは同胞出身者の起業支援のために技術関連や市場についての講演会や情報交換を実施している他，ビジネス経験の浅い技術者にアントレプレナーシップの基本的指導も行っているという。こうしたビジネススタートアップ時の援け合いが重要である（サクセニアン，A., 酒井泰介訳（2008）77-78 頁）。

　猪木武徳はトクヴィル，A. の『アメリカのデモクラシー』を紹介して「このように「援け合う術」を学ぶ装置として結社は機能する。この見方は，結社を「社会を分断する力」としてのみ捉えてきた従来の政治思想を根本的に見直す視点を提供している。デモクラシーのもとでは結社の普及は，人々の共同利益に貢献する方向に働くと見るのである。結社の組織運営は，人々に共同善（common good）へと自己を適応させる技術を習得させるからである。」（猪木武徳（2012a）174 頁）と述べている。アメリカの結社はもちろん政治的な分野だけでなく，経済，社会，道徳，趣味などあらゆる分野で組織され，多くの市民はそれらの複数に所属して社会的な活動をしている。

　個人の力では限界のあることに対して，こうした自発的な中間組織による援け合いが経済システムの一部となっている典型例はアメリカ・シリコンバレーの起業モデルであろう。エンジェル，ベンチャーキャピタル，弁護士，会計士，経営者予備軍・アドバイザーなどが起業支援という目的のために集

まるのである。このシリコンバレーモデルは，台湾，イスラエル，中国，インドなどでアメリカより帰国した留学組のエンジニア起業家によって参考にされ独自の発達を遂げているが，残念ながらわが国では上手くワークしていない。個々の機能組織は存在しているが，それが経済システムの中に埋め込まれて全体として連携して動いていないのである（Saxenian, A.（2006）Capter 8, サクセニアン，A., 酒井泰介訳（2008）第 8 章参照）。

　かつて戦後復興を成し遂げ，さらに先進国に追いつき，一時追い越したわが国の新興企業群のエネルギーは，結果として市場の利益と社会的共通善を両立させていた。それは上からの行政指導で成功したのではない。戦争で失われた社会の復興と生活の豊かさの実現のために何をすればよいかという価値観が企業人の中に自然に共有されていたからである。例えばソニーの井深大はその設立趣意書の中で，設立の動機を「われわれの持つような技術精神や経営方針が，いかに現下の日本にとって緊急欠くべからざる存在であったかを，各方面からの需要の声を通じて，はっきり自覚せしめられたのであった。」と書いている（井深大（2012）206 頁）。社会的ニーズに対応する事業をひたすら追い求め，技術面でキャッチアップし，さらに最先端まで磨いて行ったのである。

　そうした過去の成功の記憶を少しでも取り戻し新たに再生させる時期に来ている。幸いわが国には過去の蓄積である資金力，技術力，良質な労働力，産業基盤など経営資源が存在している。こうした過去の遺産ともいうべき資源を活用し起業家を生み出すことが日本的起業家精神活性化の道である。またそうして生まれた起業家たちのネットワークづくりも次世代のための新しい産業の力，インフラストラクチャーになるはずである。つまりサクセニアン，A. の言葉を借りると「アルゴノーツ（筆者注，現代の起業家のこと）を生む場所は，若者を熱心に教育し，失敗を許し，成功に報い，明日の新しい市場を犠牲にして古い市場を守ろうとする誘惑を克服し，開放的で，多様で，シリコンバレーを生み出したような地域だろう。」（Saxenian, A.（2006）p.338, サクセニアン，A., 酒井泰介訳（2008）385 頁）ということになる。

そのような中間組織，あるいは地域をわが国にも創ることが早急に求められよう。万事に批判的な古い見地からの「世間」を廃し，新しいコミュニティやアソシエーションを創り活発化させることが活力ある経済成長を生み出す企業創出に繋がる道であると考える。

注

1 結果として，富裕層への税率引上げは実現せず，2013年度よりブッシュ減税の廃止（実質的には増税）措置に止まった。
2 この「雰囲気」と通じるものとして，政治学者坂本多加雄が説明している社会的「常識」の説明が参考になるように思う。「「常識」とは，そうした個々の見解の内容よりも，そうした判断を生み出す暗黙裡の判断を提供するものである……それは，過去から現在にかけての無数の人々の生活体験のなかから自ずと形成されてきたものである。」（坂本多加雄（2005）646-647頁）。
3 ヴェブレン，T., 高哲男訳（1998）224頁。
4 政治的立場として使われるコミュニタリアニズム思想については，例えば菊池理夫（2007）を参照のこと。菊池理夫によるとコミュニタリアニズムは政治的には中道左派であり，極端な個人主義による正義（＝権利）追求よりも自主性を持って属するコミュニティなどの共通善の実現を目指していく立場であるとしている。
　なお小林正弥はコミュニタリアニズムの思想家は倫理性，精神性を強調する立場をとっており大抵の何かの宗教感覚を持っている場合が多いと指摘している（小林正弥（2010）348頁）。
5 エチオーニ，A. のコミュニタリアニズムについては，小林正弥（2005）の要を得た解説を参照した。
6 政治学者のフランシス・フクヤマは，社会における人々相互の「信頼」の高さが経済効率と関係があると指摘している。その「信頼」を生み出すのは伝統的な社会・文化の慣習であるという（フクヤマ，F., 加藤寛訳（1996）235-237頁）。
7 リクルートの江副浩正が当時の経団連会長である稲山嘉寛から呼ばれた際に交した奇妙な会話を紹介している。
　「モノづくりを喜びとしない人が増え，優秀な学生がモノをつくらない会社へ就職していくと，日本の将来は危ういと僕は思っている。どうですか？」
　「モノづくりも大切ですが，これからはサービス業の役割も大きくなると思います」
　「ところで，あなたの会社の資金は，最初は誰に出してもらったの？」
　「誰の援助も受けておりません。資金がさほど必要な事業ではありませんので」
　「最初はどこに勤めていた？」
　「会社勤めの経験はありません」
　「ほう，そうですか」
　（江副浩正（2007）195頁。）
　この会話からして当時の財界総理にはベンチャー企業という概念がほとんど理解出来ていなかったことがわかる。またおそらく理解しようともしていない。

ま と め

　わが国でも多くの企業が生まれるが，市場で競争・淘汰され，結果として生き残る企業は極めて少数である。更に生き残っている企業のうち利益を計上している企業はまた僅かである。その少数の企業には，優秀な人材，資金が集中し，安定と成長の機会が増していく。国の財政もその税収を現在のみならず将来も当てにしている。しかしわが国の問題は企業創出力と育成力が十分ではなく，基盤となる企業を効率よく生み出せていないことにある。

　その原因は多々あると思われるが，制度の問題ではなく，むしろ大きな原因は社会が起業家や事業成功者（その結果として富豪となった者）に対して理想を求めすぎ，寛容でないからではないかと考える。これはわが国の社会が歴史的に，成功した仲間に対して彼らが何か社会契約を破ったから成功できたのではないかと考えやすい気質を醸成してきたからかも知れない。

　新興企業は，最初は成すこと全てに不確実さが付きまとい，経営には錯誤に満ちているのが通例である。それは起業家自身の考え違いや人材や知識の不足に起因するものであり，修正が可能なものなのだと思われる。現在大企業に成長した元ベンチャー企業もそうして経営を修正しながら，危機を乗り越えて発展を遂げてきたのである。しかし新しい起業家に端から居住まいが正しくない，行動が粗野である，過大なリスクを取りすぎる，投資家の保護に害するということで，早期に成長の芽を摘む事例が散見されすぎるように思われる。

　ケインズを持ち出すまでもないが，彼は企業家のアニマルスピリット（血気）について，将来に対する数学的期待値よりも自ずと湧き上がる楽観や衝動によるもので，もしこれが萎えしぼんでしまえば企業活動は死滅してしまうと言っている（ケインズ，J. M., 間宮陽介訳（2008）223-224頁）。

本文でも触れたが，わが国でかつて間接金融が主体であった時代には金融機関が経営指導をして軌道修正を図るということが行われていた。主要株主ではないものの，リスクマネーを供給する大口債権者として経営に関与するということが当たり前と考えられていた。借入金に対して経営者の個人保証を取ることが強制力になっていたかも知れない。これは「負債を通じた規律づけ」と呼ばれる（小佐野広（2001）第4章）。企業経営者も当然この監視者を意識して経営に取り組んでいた。

しかしわが国でもベンチャーキャピタルによるプライベート・エクイティファイナンスというものが盛んになり，また新興株式市場が整備されたことで，金融機関の役割りは確実に後退しベンチャー企業に対する外部からのモニター機能は今日効き難くなっている。金融機関も規制によりリスクを取りにくくなったことも背景にある。ベンチャーキャピタルは本来，株主として経営関与（Hands On）の機能を発揮すべきであるが，わが国の場合多くのベンチャー投資のケースでは少数株主であることが多く，「物言わぬ」株主，単なる横並び投資家に止まっている。知識不足，資金不足の新興企業を如何に健全に成長させていくか，そのために如何に育成し，時に矯正していくかが，社会システムが持つべき本当の知恵，ノウハウなのではないか。いまわが国に求められ，考えられるべきはこの機能の強化であると思われる。

本書で論じたのは日本の起業家精神であるが，具体的には起業家精神そのものを独自に再定義したり，国際比較したり，歴史的に比較したものではない。ここでは起業家精神が低調になっている，あるいは起業家精神が活発になることを妨げている理由，背景を指摘し，それを解明することを行った。また最後に若干ではあるがそれを修正すべき提言も付け加えている。それら一連の作業が達成出来たのかについては正直なところ心許ない。また起業精神を活発にする，起業家精神が発揮されるような動機づけの設計については全く触れていない。それは日本人の心の持ち方とも関連する問題であり，起業という行為に止まらない。今後の課題としてさらに研究を進めていく必要がある。また可視化できるような指標も考えるべきかも知れないと考えてい

る。

　本書の問題意識とその暫定的な結論を以下で簡単に整理しておくことにしたい。

(1)　日本の起業の現状・問題点

　わが国の起業意識，つまりビジネスリスクを取り，会社を新たに興し発展させていこうとする起業家精神は，ライブドア事件以降自由闊達ではなくなりきわめて低調となっている。これはわが国特有の「世間」という存在がその原因となっている可能性が大きく，その影響はむしろ強まっていると考えられる。「世間」の倫理と経済の論理は全く異なる。もちろん経済はしばしば暴走するものであり経済の「倫理」というものも重視していく必要があるが，明示的な責任をとらない「世間」の倫理は，起業活動を窮屈にさせその発揚の障害となるだけである。わが国の「世間」の根は歴史的にみても深く社会の既得権益の強い部分に存在している。

(2)　アメリカの起業家精神とは

　アメリカにおいては自由な起業家精神の伝統は維持されている。そもそもどのような背景から起業家精神が生まれ，今日まで続いているのだろうか。建国時代からの禁欲的に働くという伝統は守られている。当初の動機は宗教であったが，それはさすがに前面には出てこなくなっており，一面では起業活動はゲーム的に変わっている部分もある。しかしシリコンバレーではビジネスに新しい革新を取り入れ，それを競わせるような起業精神が発揮できる環境，意識が形成されている。少なくともそれを抑制するような社会的勢力は存在しない。

(3)　日本の起業家精神の行方

　起業精神を明治に遡ると現在の日本よりかなり伸び伸びとしており，むしろ建国時のアメリカに近かったものと考えられる。今日のビジネス・エンジェルのような富豪たちのシンジケート的投資も行われており，結社ではないが実業界の規律づけと情報交換の場が存在した。それ自体は今日からすると一部のインサイダーたちによる市場支配ともみられるが，それは渋沢栄一

のようなモラルを重視する経済人により巧みに制御されていた。しかし近時の経済成長の鈍化，成熟化に伴い個人の自律的行動を阻害する悪しき「世間」が強化されてきたようにみられる。起業を賞賛するよりも，既得権益を守るために，新興企業を排除していこうという保守的な勢力の意思が優位になっている。ヴェブレン，T. の言葉を借りれば「社会進化における有閑階級の任務は，進展するものを妨げ，時代遅れのものを存続させることである。」（ヴェブレン，T., 高哲男訳（1998）222頁）。つまり本来の創造的破壊，資本主義の精神が活発に働かないような起業風土を形成する起因となっている。経済学者のラジャンらのいう「リスクを削減するという名目の下に競争を抑制する」という既得権者による既得権者のための支配が通用するリレーションシップ・システムになっているのではないか，そして真の起業家の参入を阻害しているのではないかという懸念が生じる（ラジャン, R. G., ジンガレス, L., 堀内昭義他訳（2006）438頁，週刊文春 2013 年 7 月 4 日，156-157 頁）。

　今後日本はどうするべきなのか。個人の自律を促進し挑戦する人を多く出す動機づけを行い，一方で社会との接点もバランスをとるようにすべきである。そのためには不明朗な「世間」による裁定的な介入行動は辞めるべきであり，より自由でオープンな経済的風土，空気づくりが何よりも必要である。起業を活発化させ，経済の成長を志向するのであれば，リスクを負って困難にビジネスに挑戦する人が，競争の場に於いて賞賛されることはあっても非難されない社会づくりが求められているといえよう。また経験の浅い新興の起業家はアメリカの結社とまでは行かないが，健全な経営者を育成するためのなんらかの小集団に帰属する利点がありそうだ。組織が不十分で経験も浅い起業家が独断に陥ることや，判断を誤るリスクを軽減するためである。

　この稿を終えるに当り触れておきたいことがある。本書で取り上げた起業家は刑期を終了しまた活動を開始したことと，一方買収を防いだ大手企業の最高経営者は異例の長期政権を維持していることである。ここから「世間」

という存在の強固さ，固陋さを感じるとともに，それに屈しない起業家精神もまだ生きているという安堵感を感じることが出来た。

　明治のジャーナリスト横山源之助は実業界の若手の台頭を紹介しつつ次のように述べている。

　「時勢は急転直下す。昨日の少壮は，今の老耄。維新当時の少壮が，今は元老となり，功名に倦みて枢密院に眠っているのも，皆時代の変遷である。特に余輩は我国に此の傾向多いのに感慨が多い，少壮に活動があり，生気があり，其処に進歩がある。或いは成功と失敗と又は相絡れ相交わっている。二敗，三敗，四敗，五敗，気を挫かず，生気を失はざる者に，即ち永遠の成功があるのであろう」（横山源之助「実業界における少壮者の勢力」横山源之助（2005）407頁）。

参考文献

□和文著書文献

碧海純一（1967）『法と社会』中公新書。
碧海純一（2000）『新版　法哲学概論　全訂第2版補正版』弘文堂。
阿部謹也（1995）『「世間」とは何か』朝日新書。
阿部謹也（2000）『阿部謹也著作集　第七巻』筑摩書房。
阿部謹也（2001）『学問と「世間」』岩波新書。
阿部謹也（2004）『日本人の歴史意識―「世間」という視角から―』岩波新書。
阿部謹也（2006）『近代化と世間』講談社現代新書。
天川潤次郎（1988）「イギリス企業家の宗教, 文化, 社会活動再考」『商学論究』（関西学院大学）36巻2号。
天川潤次郎（1990）「アメリカ史における宗教と経済」『経済学論究』（関西学院大学）43巻4号。
天川潤次郎（1990）「シカゴ市における宗教と経済」『経済学論究』（関西学院大学）44巻3号。
阿満利麿（1993）「近世日本における＜現世主義＞の成立」『日本研究』（国際日本文化研究センター）第9集, 55-67頁。
阿満利麿（1996）『日本人はなぜ無宗教なのか』ちくま新書。
綾部恒雄（1970）『アメリカの秘密結社』中公新書。
綾部恒雄（1988）『クラブの人類学』アカデミア。
綾部恒雄編（2005）『結社の世界史5　クラブが創った国アメリカ』山川出版社。
有賀貞・大下尚一・志邨晃佑・平野孝（1994）『アメリカ史1―17世紀～1877年―』山川出版社。
飯田亮（2007）『世界のどこにもない会社を創る！―セコム創業者の痛快な起業人生』草思社。
飯田亮（2007）『正しさを貫く　私の考える仕事と経営』PHP研究所。
家永三郎（1954）『日本道徳思想史』岩波書店。
井門富二夫（1968）「デノミネーション論―アメリカ的大衆社会の宗教集団―」アメリカ学会『アメリカ』Vol.1968, No.2。
井門富二夫（1969）「アメリカ宗教の体質―ピューリタニズムと関連において―」大下尚一編『講座　アメリカ文化1　ピューリタニズムとアメリカ』南雲堂。
井門富二夫（1972）『世俗社会の宗教』日本基督教団出版局。
井門富二夫編（1992）『アメリカの宗教』弘文堂。
生駒孝彰（1984）「アメリカにおける個人と宗教」『アメリカ研究』（アメリカ学会）Vol.1984, No.18, 47-66頁。

参考文献

伊佐山元（2013）『シリコンバレー流　世界最先端の働き方』中経出版。
石井寛治（2012）『日本の産業革命　日清・日露戦争から考える』講談社学術文庫。
石井研士（2011）『世論調査による日本人の宗教性の調査研究』平成20～22年度科学研究費補助金　基盤研究（B）研究成果報告書 平成23年3月。
石黒不二代（2008）『言われた仕事はやるな！』朝日新書。
出雲充（2012）『僕はミドリムシで世界を救うことに決めました。―東大発ベンチャー「ユーグレナ」のとてつもない挑戦―』ダイヤモンド社。
磯辺剛彦・矢作恒雄（2011）『起業と経済成長』慶応義塾大学出版会。
井上忠司（2007）『「世間体」の構造』講談社学術文庫，原著1977年日本放送協会。
猪木武徳（1997）『デモクラシーと市場の論理』東洋経済新報社。
猪木武徳（2001）『自由と秩序　競争社会の二つの顔』中央公論社。
猪木武徳（2012a）『経済学に何かできるか』中公新書。
猪木武徳（2012b）『公智と実学』慶応義塾大学出版会。
井深大（2012）『自由闊達にして愉快なる　私の履歴書』日経ビジネス文庫。
今関恒夫（1988）『ピューリタニズムと近代市民社会』みすず書房。
上山隆大（2010）『アカデミック・キャピタリズムを超えて』NTT出版。
内田樹（2009）『日本辺境論』新潮新書。
内村鑑三（1981a）「胆汁数滴　福沢諭吉翁」（明治30年4月27日『万朝報』）『内村鑑三全集4』岩波書店。
内村鑑三（1981b）「富と徳」（明治36年6月29日『朝報社有志講演集　第壱輯』）『内村鑑三全集11』岩波書店。
内村鑑三（1982）「金の価値」（昭和2年12月10日『聖書之研究』329号）『内村鑑三全集30』岩波書店。
梅津順一（1989）『近代経済人の宗教的根源』みすず書房。
梅津順一・諸田實編著（1996）『近代西欧の宗教と経済』同文館出版。
梅津順一（2010）『ヴェーバーとピューリタニズム　神と富との間』新教出版社。
梅津順一（2011）「社会起業家フランクリン」『青山総合文化政策学』第3巻1号，39-65頁。
梅田望夫（2006）『シリコンバレー精神』ちくま文庫。
梅村又次他（1988）『労働力　長期経済統計2』東洋経済新報社。
江副浩正（2003）『かもめが飛んだ日』朝日新聞社。
江副浩正（2007）『リクルートのDNA―起業家精神とは何か―』角川書店。
江副浩正（2010）『改訂版　リクルート事件・江副浩正の真実』中央公論新社。
大倉喜八郎（1992）『致富の鍵』大和書房（初出（1911）丸山舎）。
大倉雄二（1995）『鯰　大倉喜八郎』文春文庫。
大鹿靖明（2006a）『ヒルズ黙示録　検証・ライブドア』朝日新聞社。
大鹿靖明（2006b）『ヒルズ黙示録　最終章』朝日新書。
大杉謙一（2007a）「ライブドア事件判決の検討（上）」『商事法務』（商事法務）No.1810, 2007年9月15日, 4-14頁。
大杉謙一（2007b）「ライブドア事件判決の検討（下）」『商事法務』（商事法務）No.1811,

2007 年 9 月 25 日，12-22 頁。
大塚久雄（1985）『宗教改革と近代社会　4 訂版』みすず書房。
大塚久雄（1986）『大塚久雄著作集』岩波書店。
大宮有博（2006）『アメリカのキリスト教がわかる―ピューリタンからブッシュまで―』キリスト教新聞社。
小笠原真（1972）「日本の近代化と宗教」『奈良教育大学紀要』Vol 21.No.1, 105-121 頁。
小笠原真（1994）『日本の近代化と宗教―マックス・ヴェーバーと日本―』世界思想社。
岡本薫（2009）『世間さまが許さない！』ちくま新書。
小川進・藤本章博（2009）「セコムの事業システム」『国民経済雑誌』第 199 巻 3 号, 33-51 頁。
小佐野広（2001）『コーポレート・ガバナンスの経済学』日本経済新聞社。
金井新二（1991）『ウェーバーの宗教社会理論』東京大学出版会。
神山敏雄・斉藤豊治・浅田和茂・松宮孝明編著（2008）『新経済刑法入門』成文堂。
神例康博（2011）「粉飾決算と犯罪」『刑法雑誌』（日本刑法学会）第 51 巻第 1 号。
川北隆雄（2011）『財界の正体』講談社現代新書。
川島武宜（1967）『日本人の法意識』岩波新書。
川島武宜（1982）『川島武宜著作集　第 2 巻』岩波書店。
菊池理夫（2007）『日本を甦らせる政治思想　現代コミュニタリアニズム入門』講談社現代新書。
北岡伸一（2002）『独立自尊』講談社。
きだみのる（1967）『にっぽん部落』岩波新書。
黒沼悦郎（2011）『金融商品取引法　第 4 版』日経文庫。
慶応義塾編（2004）『福澤諭吉の手紙』岩波文庫。
慶応義塾出版会「時事新報史」。
　　http://www.keio-up.co.jp/kup/webonly/ko/jijisinpou/18.html
鴻上尚史（2009）『「空気」と「世間」』講談社現代新書。
小林袈裟治（1994）『企業者活動と経営理念』文眞堂。
小林正弥（2005）「解説　エツィオーニのコミュニタリアニズム」エツィオーニ, A., 小林正弥監訳『ネクスト　善き社会への道』麗沢大学出版会。
小林正弥（2010）『サンデルの政治哲学』平凡社新書。
小林由美（2006）『超・格差社会アメリカの真実』日経 BP 社。
坂野潤治（2012）『日本近代史』ちくま新書。
坂本多加雄（1988）『山路愛山』吉川弘文館。
坂本多加雄（1996）『近代日本精神史論』講談社学術文庫。
坂本多加雄（1997）『新しい福沢諭吉』講談社現代新書。
坂本多加雄（1998）『日本の近代 2　明治国家の建設　1887-1890』中央公論新社。
坂本多加雄（2005）『坂本多加雄選集Ⅰ　近代日本精神史』藤原書店。
坂本多加雄（2007）『市場・道徳・秩序』ちくま学芸文庫, 筑摩書房（1991 年創文社）。
作田啓一（1972）『価値の社会学』岩波書店。
桜井庄太郎（1961）『恩と義理　社会学的研究』アサヒ社。

佐藤直樹（2001）『「世間」の現象学』青弓社．
佐藤直樹（2011）『なぜ日本人はとりあえず謝るのか』PHP 新書．
椎名重明（1996）『プロテスタンティズムと資本主義—ウェーバー・テーゼの宗教史的批判—』東京大学出版会．
柴田史子（1992）「アメリカ社会における宗教と自発的結社」井門富二夫編『アメリカの宗教的伝統と文化　アメリカの宗教・第 1 巻』大明堂．
芝原邦爾（2000）『経済刑法』岩波新書．
渋沢栄一（1984）『雨夜譚—渋沢栄一自伝—』岩波文庫．
渋沢栄一（2011）『渋沢百訓—論語・人生・経営—』角川ソフィア文庫（『青淵百話』1912 年同文館より抜粋）．
渋沢敬三編（1979）『明治文化史　第 11 巻　社会経済』原書房．
島田昌和（2007）『渋沢栄一の企業者活動の研究—戦前期企業システムの創出と出資者経営者の役割』日本経済評論社．
島田昌和（2011）『渋沢栄一——社会企業家の先駆者—』岩波新書．
杉山忠平（1986）『明治啓蒙期の経済思想』法政大学出版会．
鈴木淳（2002）『維新の構想と展開』講談社．
鈴木恒夫・小早川洋一（2006）「明治期におけるネットワーク型企業グループの研究」『学習院大学　経済論集』第 43 巻 2 号．
砂川幸雄（1996）『大倉喜八郎の豪快なる人生』草思社．
瀬沼茂樹編（1968）『文明開化　現代日本記録全集 4』筑摩書房．
高橋勅徳（2003）「起業と文化の関係性」『JAPAN VENTURES REVIEW』（日本ベンチャー学会）No.4, 97-106 頁．
高橋義雄（1887）『拝金宗　一名商売のススメ』神戸甲子二郎ほか．
高村直助編著（1992）『企業勃興—日本資本主義の形成—』ミネルヴァ書房．
高村直助編著（1994）『産業革命　近代日本の軌跡 8』吉川弘文館．
高村直助（1996）『会社の誕生』吉川弘文館．
髙山佳奈子（2009）「ライブドア事件控訴審判決」『判例評論』第 608 号，判例時報社，10 月 1 日，23-28 頁．
立花雄一（1979）『評伝　横山源之助』創樹社．
橘木俊詔・森剛志（2005）『日本のお金持ち』日本経済新聞出版社．
橘木俊詔・森剛志（2009）『新日本のお金持ち』日本経済新聞出版社．
田中慎一（2006）『ライブドア監査人の告白』ダイヤモンド社．
玉置紀夫（2002）『起業家福沢諭吉の生涯』有斐閣．
長幸男（1964）「実業の思想」『実業の思想』筑摩書房所収．
長幸男編（1969）『財界百年　現代日本記録全集 8』筑摩書房．
塚本学編（1992）『日本の近世　第 8 巻　村の生活文化』中央公論社．
土屋喬雄（1939）『日本資本主義の指導者たち』岩波新書．
土屋喬雄（1959）『日本の経営者精神』経済往来社．
土屋喬雄（1989）『渋沢栄一』吉川弘文館．
鶴見俊輔他（1962）『日本の百年 6　成金天下』筑摩書房．

電通　電通総研・日本リサーチセンター編（2008）『世界主要国　価値観データブック』同友館．
東京新聞特別取材班（2006）『検証国策逮捕』光文社．
東京大学・電通総研（2011）「世界価値観調査 2010」日本結果速報，4月．
堂目卓生（2008）『アダム・スミス「道徳感情論」と「国富論」の世界』中公新書．
富田正文（1992）『考証　福沢諭吉　上下』岩波書店．
冨山和彦（2010）『カイシャ維新』朝日新聞社．
中川敬一郎（1961）「経済発展と企業家活動　上・下」『思想』446・447号，岩波書店．
中川敬一郎（1975）「問題提起―文化活動と企業者活動」『経営史学』第 10 巻 1 号，東京大学出版会．
中川敬一郎（1981）『比較経営史序説』東京大学出版会．
長田貴仁（2012）『セコム　その経営の真髄』ダイヤモンド社．
永谷健（2007）『富豪の時代　実業エリートと近代日本』新曜社．
中野毅（1992）「政教分離社会の展開とデノミネーショナリズム」井門富二夫編『アメリカの宗教』弘文堂．
中村尚史（2010）『地方からの産業革命』名古屋大学出版会．
中村政則・石井寛治・春日豊（1988）『経済構想　日本近代思想体系 8』岩波書店．
中村政則・石井寛治（1988）「明治前期における資本主義体制の構想」中村政則ほか『経済構想　日本近代思想体系 8』岩波書店．
中村陽吉（2011）『世間心理学ことはじめ』東京大学出版会．
夏目漱石（1950）『坊っちゃん』新潮文庫，1906 年発表．
西川俊作・阿部武司編（1992）『産業化の時代　上下　日本経済史 4・5』岩波書店．
西川如見，飯島忠夫・西川忠幸校訂（1942）『町人嚢・百姓嚢，長崎夜話草』岩波文庫．
西田典之（2010）『刑法総論　第 2 版』弘文堂．
日本経済新聞社編（2005）『真相　ライブドア vs. フジ　日本を揺るがした 70 日』日本経済新聞社．
日本随筆大成編輯部（1975）『日本随筆大成第一期 2』吉川弘文館．
間宏（1966）「文化構造と経営史―行為理論による企業者研究」『経営史学』第 1 巻 1 号，東京大学出版会．
間宏（1977）「日本人の価値観は企業行動」『日本の企業と社会　日本経営史講座　第 6 巻』日本経済新聞社．
橋本努（2008）『経済倫理＝あなたは，なに主義』講談社．
林文（2006）「宗教と素朴な宗教的感情」『行動計量学』第 33 巻第 1 号，13-24 頁．
林文（2010）「現代日本人にとっての信仰の有無と宗教的な心」『統計数理』第 58 巻第 1 号，39-59 頁．
原山優子・氏家豊・出川通（2009）『産業革新の源流』白桃書房．
ハロラン芙美子（1998）『アメリカ精神の源』中公新書．
平川祐弘（1990）『進歩がまだ希望であった頃―フランクリンと福沢諭吉』講談社学術文庫，初出 1984 年，新潮社．
平山洋（2004）『福沢諭吉の真実』文春新書．

平山洋（2008）『福澤諭吉』ミネルヴァ書房。
ひろたまさき（1976a）『福沢諭吉研究』東京大学出版会。
ひろたまさき（1976b）『福沢諭吉』朝日新聞社。
ひろたまさき編（1994）『日本の近世　第16巻　民衆のこころ』中央公論社。
福澤諭吉（1978）『新訂　福翁自伝』岩波文庫。
福澤諭吉（1881）『時事小言』慶応義塾出版社。
福澤諭吉（1958-64）『福澤諭吉全集』岩波書店。
福田尚司（2011）「金融商品取引法158条違反の罪の適応事例について」『刑法雑誌』（日本刑法学会）第51巻第1号。
福武直（1978）『日本の農村　第2版』東京大学出版会。
藤江邦男（2004）『実学の理念と起業のすすめ　福澤諭吉と科学技術』慶応義塾大学出版会。
藤田晋（2013）『起業家』幻冬舎。
藤本龍児（2009）『アメリカの公共宗教』NTT出版。
藤原和博（2002）『リクルートという奇跡』文藝春秋。
保坂俊司（2006）『宗教の経済思想』光文社新書。
星野修（1987）「マックス・ウェーバーのゼクテ論」『山形大学紀要（社会科学）』第17巻第2号，209-241頁。
堀内一史（1999）「共同体主義とは」『麗沢レヴュー：英米文化研究』（麗沢大学）第5巻。
堀内一史（2010）『アメリカと宗教』中公新書。
堀江貴文（2003）『100億円稼ぐ仕事術』ソフトバンク　パブリッシング。
堀江貴文（2004）『堀江貴文のカンタン！　儲かる会社のつくり方』ソフトバンク　パブリッシング。
堀江貴文（2009）『徹底抗戦』集英社。
堀江貴文（2013）『金持ちになる方法はあるけれど，金持ちになって君はどうするの？』徳間書店。
堀江貴文（2013）『ゼロ―なにもない自分に小さなイチを足していく―』ダイヤモンド社。
堀江保蔵（1963）「明治初期の近代企業家」『関西大学　経済論集』第13巻第4・5・6号合併号。
松田修一（1997）『起業論』日本経済新聞社。
松田修一（2005）『ベンチャー企業』日本経済新聞社。
丸山真男（1961）『日本の思想』岩波新書。
水本邦彦（1987）「公儀の裁判と集団の掟」『日本の社会史　第5巻　裁判と規範』岩波書店。
南博（1953）『日本人の心理』岩波新書。
南博（1976）『行動理論史』岩波書店。
南亮進（1981）『日本の経済発展』東洋経済新報社。
源了圓（1969）『義理と人情』中公新書。
源了圓（1986）『実業思想の系譜』講談社学術文庫。
宮内亮治（2007）『虚構　堀江と私とライブドア』講談社。

宮田由紀夫（2011）『アメリカのイノベーション政策』昭和堂.
宮本常一（1984）『忘れられた日本人』岩波文庫.
宮本常一（2012）『民族のふるさと』河出書房新社，初出1964年.
宮本又次（1977）『宮本又次著作集 第2巻 近世商人意識の研究』講談社.
宮本又郎（1990）「産業化と会社制度の発展」『日本経済史4 産業化の時代（上）』岩波書店.
宮本又郎（1999）『日本の近代11 企業家たちの挑戦』中央公論新社.
宮本又郎（2010）『日本企業経営史研究―人と制度と戦略と』有斐閣.
武藤山治（1988）『身の上話』国民会館（1934年出版本の再版）.
本居宣長，村岡典嗣校訂（1934）『玉勝間（上）（下）』岩波文庫.
森孝一（1988）「ギャラップ調査にみるアメリカ宗教の現状」『同志社アメリカ研究』（同志社大学アメリカ研究所）第24号，169-180頁.
森孝一（1996）『宗教から読むアメリカ』講談社.
森川英正（1981）『日本経営史』日本経済新聞社.
森本あんり（2006）『アメリカ・キリスト教史 理念によって建てられた国の軌跡』新教出版社.
柳井正（2012）『現実を視よ』PHP研究所.
弥永真生（2011）「風説の流布・偽計取引と虚偽有価証券報告書提出―ライブドア刑事事件」『ジュリスト』（有斐閣）No.1414，1月1-15日合併号.
山岸俊男（1998）『信頼の構造―こころと社会の進化ゲーム―』東京大学出版会.
山路愛山（1908）『現代金権史』（『明治文学全集35 山路愛山集』筑摩書房1965年所収）.
山下友信・神田秀樹編（2010）『金融商品取引法概説』有斐閣.
山本七平（1983）『空気の研究』文春文庫（初出1977年文藝春秋刊）.
山本七平（1997）『日本資本主義の精神』文藝春秋（初出1979年光文社刊）.
山本博文（2003）『武士と世間』中公新書.
由井常彦（1976）「工業化と企業家活動」『工業化と企業家活動 日本経営史講座 第2巻』日本経済新聞社.
楊天溢（1977）「国際社会からみた日本の企業と社会」『日本の企業と社会 日本経営史講座 第6巻』日本経済新聞社.
横山源之助（1949）『日本の下層社会』岩波文庫.
横山源之助（2004）『横山源之助全集 第5巻』法政大学出版局.
横山源之助（2005）『横山源之助全集 第6巻』法政大学出版局.
吉川秀造（1935）『士族授産の研究』有斐閣.
米倉誠一郎（1998）「企業家および企業家能力」『社会科学研究』（東京大学）第50巻1号.
米倉誠一郎（1999）『経営革命の構造』岩波新書.
米倉誠一郎編（2005）『ケースブック 日本のスタートアップ企業』有斐閣.
渡辺尚志（2009）『百姓たちの江戸時代』ちくまプリマー文庫.
渡辺尚志（2012）『百姓たちの幕末維新』草思社.

渡辺利雄（1977）「英雄としてのフランクリン」『アメリカ研究』（アメリカ学会）Vol. 1977, No.11, 1-15 頁。

□和文邦訳書文献
アイザックソン,W., 井口講二訳（2007）『スティーブ・ジョブズⅠ・Ⅱ』講談社。
青木昌彦・パトリック, H. 編，白鳥正喜他訳（1996）『日本のメインバンクシステム』東洋経済新報社。
アシュトン, T. S., 中川敬一郎訳（1973）『産業革命』岩波文庫。
アダムス, J. L., 柴田史子訳（1997）『自由と結社の思想　ヴォランタリー・アソシエーション論をめぐって』聖学院大学出版会。
ウェーバー, M., 安藤英治訳（1966）「アメリカ合衆国における"教会"と"セクト"」『成蹊大学政経論叢』第 16 巻第 3 号，462-487 頁。
ウェーバー, M., 林道義訳（1968）『理解社会学のカテゴリー』岩波文庫。
ウェーバー, M., 大塚久雄・生松敬三訳（1972）『宗教社会学論選』みすず書房。
ウェーバー, M., 武藤一雄・薗田宗人・薗田坦訳（1976）『宗教社会学』創文社。
ウェーバー, M., 中村貞二訳（1988）「プロテスタンティズムの教派と資本主義の精神」『ウェーバー　新装版　宗教社会論集』河出書房新社所収。
ウェーバー, M., 大塚久雄訳（1989）『プロテスタンティズムの倫理と資本主義の精神』岩波文庫。
ヴェブレン, T., 高哲男訳（1998）『有閑階級の理論』ちくま学芸文庫。
ウッド, G. S., 池田年穂・金井光太朗・肥後本芳男（2010）『ベンジャミン・フランクリン，アメリカ人になる』慶応義塾大学出版会。
エチオーニ, A., 永安幸正監訳（2001）『新しき黄金律』麗沢大学出版会。
エツィオーニ, A., 小林正弥監訳（2005）『ネクスト　善き社会への道』麗沢大学出版会。
オルドリッチ, H. E., 若林直樹他訳（2007）『組織進化論』東洋経済新報社。
カー, E. H., 清水幾太郎訳（1962）『歴史とは何か』岩波新書。
カーネギー, A., 坂西志保訳（2002）『カーネギー自伝』中公文庫。
カーンズ, M. C., 野崎嘉信訳（1993）『結社の時代』法政大学出版局。
カプラン, D. A., 中山宥訳（2000）『シリコンバレー・スピリッツ』ソフトバンク・パブリッシング。
コール, A. H., 中川敬一郎訳（1965）『経営と社会　企業者史学序説』ダイヤモンド社。
コクラン, T. C., 正木久司監訳（1989）『アメリカ企業 200 年』文眞堂。
サクセニアン, A., 酒井泰介訳（2008）『最近・経済地理学』日経 BP 社。
サクセニアン, A., 山形浩生・柏木亮二訳（2009）『現代の二都物語』日経 BP 社。
サンデル, M., 菊池理夫訳（2009）『リベラリズムと正義の限界』勁草書房。
サンデル, M., 鬼澤忍訳（2011）『公共哲学　政治における道徳を考える』ちくま学芸文庫。
シェーン, S. A., 谷口功一他訳（2011）『＜起業＞という幻想　アメリカンドリームの現実』白水社。
シュローダー, A., 伏見威蕃訳（2001）『スノーボール　上・下』日本経済新聞出版社。
シュンペーター, J., 塩野谷祐一・中山伊知郎・東畑精一訳（1977）『経済発展の理論

（上）（下）』岩波文庫．
シュンペーター, J., 中山伊知郎・東畑精一訳（1995）『新装版　資本主義・社会主義・民主主義』東洋経済新報社．
ジンガレス, L., 若田部昌澄監訳, 栗田百代訳（2013）『人びとのための資本主義』NTT出版社．Zingales, L. (2012) *A Capitalism for The People －Recapturing the Lost Genius of American Prosperity*, Basic Books.
スマイルズ, S., 中村正直訳（1982）『西国立志編』講談社学術文庫．
スミス, A., 水田洋・杉山忠平訳（2000）『国富論（1）～（4）』岩波文庫．
スミス, A., 高哲男訳（2013）『道徳感情論』講談社学術文庫．
ゾンバルト, W., 金森誠也訳（1990）『ブルジョア　近代経済人の精神史』中央公論社．
チャンドラー Jr., A. D., 鳥羽欽一郎・小林袈裟治訳（1979）『経営者の時代　上下』東洋経済新報社．
トーニー, R. H., 出口勇蔵・越智武臣訳（1956）『宗教と資本主義の興隆　上下』岩波文庫．
トクヴィル, A., 松本礼二訳（2008）『アメリカのデモクラシー　第2巻　上下』岩波文庫．
ドラッカー, P. F., 上田惇生訳（2007）『イノベーションと企業家精神』ダイヤモンド社．
ナイト, F. H., 黒木亮訳（2012）『フランクナイト　社会哲学を語る─講義録　知性と民主的行動─』ミネルヴァ書房．
ニーバー, H. R., 柴田史子訳（1984）『アメリカ型キリスト教の社会的起源』ヨルダン社．
ニーバー, H. R., 柴田史子訳（2008）『アメリカにおける神の国』聖学院大学出版会．
パーソンズ, T., 富永健一他訳（2002）『宗教の社会学』勁草書房．
ビァード, C. A., ビァード, M. R., 高木八尺・松本重治訳（1954）『アメリカ精神の歴史』岩波書店．
ビァード, C. A., ビァード, M. R., 松本重治・岸村金次郎・本間長世訳（1964）『新版　アメリカ合衆国史』岩波書店．
ヒマネン, P., 安原和見・山形浩生訳（2001）『リナックスの革命─ハッカーの倫理とネット社会の精神─』河出書房新社．
ヒルシュマイア, J., 土屋喬雄・由井常彦訳（1965）『日本における企業者精神の生成』東洋経済新報社．
ヒルシュマイア, J., 由井常彦訳（1977）『日本の経営発展』東洋経済新報社．
フォークナー, H. U., 小原敬士訳（1968）『アメリカ経済史　上』至誠堂．
フクヤマ, F., 加藤寛訳（1996）『「信」無くば立たず』三笠書房．Fukuyama, F. (1995) *Trust-The Social Virtures and The Creation of Prosperity*, Free Press.
ブラウァー, J. C., 野村文子訳（2002）『アメリカ建国の精神　宗教と文化』玉川大学出版部．
ブラウン, S. F., 五郎丸仁美訳（1998）『プロテスタント』青土社．
フランク, R., 飯岡美紀訳（2007）『ザ・ニューリッチ』ダイヤモンド社．
フランクリン, B. (1753)『貧しいリチャードの暦』．
　　http://public.gettysburg.edu/~tshannon/his341/pra1753contents.html
フランクリン, B., 松本慎一・西川正身訳（1957）『フランクリン自伝』岩波文庫．

フロム, E., 日高六郎訳（1951）『自由からの逃走』東京創元社。
ベラー, R. N., 河合秀和訳（1973）『社会改革と宗教倫理』未来社。
ベラー, R. N. 他, 島薗進・中村圭志訳（1991）『心の習慣　アメリカ個人主義のゆくえ』みすず書房。
ベラー, R. N., 池田昭訳（1996）『徳川時代の宗教』岩波文庫。
ベラー, R. N., 松本滋・中川徹子訳（1998）『破られた契約―アメリカ宗教思想の伝統とと試練―　新装版』未来社。
ベル, D., 林雄二郎訳（1976）『資本主義の文化的矛盾　上・中・下』講談社学術文庫。
マクレランド, D., 林保監訳（1971）『達成動機』産業能率短期大学出版部。
マズロー, A., 大川修二訳（2001）『完全なる経営』日本経済新聞社。
ミード, S. E., 野村文子訳（1978）『アメリカの宗教』日本基督教団出版局。
モリッツ, M., 青木栄一訳（2010）『スティーブ・ジョブズの王国』プレジデント社。
ラジャン, R. G., ジンガレス, L., 堀内昭義他訳（2006）『セイヴィング・キャピタリズム』慶応義塾大学出版会。
リー, C. 他, 中川勝弘監訳（2001）『シリコンバレー　上下』日本経済新聞社。
ロスチャイルド, G., 酒井傳六訳（1990）『ロスチャイルド自伝』新潮社。
ロックフェラー, D., 楡井浩一訳（2007）『ロックフェラー回想録』新潮社。

□英文文献

Aldrich, H. E. and Waldinger, R. (1990) "Ethnicity and entrepreneurship", *Annual Review of Sociology*, Vol. 16, pp. 111-135.

Aldrich, H. E., Martinez, H. and Martha, A. (2010) "Entrepreneurship as Social Construction: A Multilevel Evolutionary Approach", Zoltan J. Acs and David B. Audretsch, *Handbook of Entreprenuership Research (Second Edition)*, (August), pp. 387-427.

Baumol, W. J. (2010) *The Microtheory of Innovative Entrepreneurship*, Princeton University Press.

Bygrave, W. D. and Zacharakis, A. (2010) *Entrepreneurship (Second Edition)*, Wiley. (W. バイグレイブ, A. ザカラキス, 高橋徳行・田代泰久・鈴木正明訳（2009）『アントレプレナーシップ』日経BP社。)

Cochran, T. C. (1960) "Cultural Factors in Economic Growth", *Journal of Economic History*, Vol. 20, No. 4 (Dec.), pp. 515-530.

Easterbrook, W. T. (1949) "The Climate of Enterprise", *American Economic Review*, Vol. 39, No. 3, Papers and Proceedings of the Sixty-first Annual Meeting of the American Economic Association (May), pp. 322-335.

Etzioni, A. (1997) *The New Golden Rule: Community And Morality In A Democratic Society*, Basic Books.

Etzioni, A. (2001) *Next: The Road To The Good Society*, Basic Books.

Gamm, G. and Putnam, R. D. (1999) "The Growth of Voluntary Association", *Journal of Interdisciplinary History*, Vol. 29, No. 4 (Spring), pp. 511-557.

Guiso, L., Sapienza, P. and Zingales, L. (2003) "People's optium? Religion and economic

attitudes", *Journal of Monetary Economics*, Vol. 50, pp. 225-282.
Guiso, L., Sapienza, P. and Zingales, L. (2004) "The Role of Social Capital in Financial Development", *Amerian Economic Review*, Vol. 94, pp. 526-556.
Guiso, L., Sapienza, P. and Zingales, L. (2006) "Does Culture Affect Economic Outcomes?", *Journal of Economic Perspectives*, Vol. 20, No. 2 (Spring), pp. 23-48.
Guiso, L., Sapienza, P. and Zingales, L. (2010) "Civic Capital as the Missing Link", *Handbook of Social Economics*, Vol.1A (November), North Holland, pp. 417-479.
Hisrich, R. D. and Peters, M. P. (1998) *Entrepreneurship (Fourth Edition)*, Irwin McGraw-Hill.
Parker, S. C. (2009) *The Economics of Entrepreneurship*, Cambridge University Press.
Saxenian, A. (1994) *Regional Advantage: Culture and Competition in Silicon Valley and Route 128*, Harvard University Press.
Saxenian, A. (2006) *The New Argonauts: Regional Advantage in a Global Economy*, Harvard University Press.
Schulesinger, A. M. (1944) "Biography of a Nation of Joiners", *The American Historical Review*, Vol. 50, No. 1 (October), pp. 1-25.

ビル＆メリンダ・ゲイツ財団 http://www.gatesfoundation.org/Pages/home.aspx
The Economist, 2013.8.31.
The Global Entrepreneurship Monitor (GEM) 2011 Global Report.
　　http://www.gemconsortium.org/docs/2409/gem-2011-global-report
The White House Office of the Press Secretary Release, November 01, 2011.
　　http://www.whitehouse.gov/the-press-office/2011/11/01/presidential-proclamation-national-entrepreneurship-month-2011
U.S. Census Bureau, *Statitical Abstract of the United States: 2012.*

□和文資料等
中小企業庁『中小企業白書』(2011年度)。
統計数理研究所「日本人の国民性調査」http://www.ism.ac.jp/kokuminsei/index.html。
ベンチャーエンタープライズセンター『平成23年度創業・起業支援事業(起業家精神に関する調査)報告書』2011年2月。

日本経済新聞2006年2月6日朝刊, 13頁。
日本経済新聞2007年10月25日朝刊, 郷原信郎「経済事件と司法　上」29頁。
日本経済新聞2007年10月26日朝刊, 清水剛「経済事件と司法　下」31頁。
日本経済新聞2012年6月19日朝刊, 2頁。
日経産業新聞1991年8月27日,「証言　産業史」32頁。
日経産業新聞2012年8月20日〜8月24日,「セコム50年目の針路」。
読売新聞2012年2月22日朝刊, 13頁。
読売新聞2012年5月12日朝刊, 13頁。

読売新聞 2012 年 10 月 3 日朝刊，4 頁。
週刊文春 2013 年 7 月 4 日，156-157 頁。
文藝春秋 2013 年 10 月号，142-151 頁。

『判例タイムズ』No. 1297, 2009 年 3 月 15 日，「ライブドア事件」290-348 頁。
『判例タイムズ』No. 1302, 2009 年 10 月 1 日，「ライブドア控訴審判決」297-316 頁。
『週刊ダイヤモンド』2007 年 12 月 8 日号，「特集　驚きの警備産業」28-59 頁。
『週刊東洋経済』2012 年 8 月 25 日号，「リクルートの正体」36-75 頁。
『日経ビジネス』2014 年 1 月 20 日号，「シリコンバレー 4.0」22-45 頁。

あとがき

　2011年3月の東日本大震災とその後の東京電力福島第一原子力発電所の原子力事故問題で着目されたのはわが国特有の「原子力村」という典型的な「世間」の存在であった。電力会社，原子力政策を推進する官庁，監視する官庁・第三者委員会，研究所，学者，政治家，原子力発電メーカー，ゼネコンなど，そしてその多くが，特定の大学の工学部原子力工学系統出身者であるという別の「世間」の集まりであったことである。安全，科学技術，ビジネスが融合した原子力発電の問題に，同窓の倫理や秩序が微妙に作用していることを事故後に多くの国民は知ることとなった。原発は本来高度な科学技術の論理と組織は独立した安全基準の審査やルールの下での厳格な運用体制により進められるべきであるが，この古い「世間」が作用することになり，安全の議論や相互の牽制を「世間」重視の観点から歪めたのではないかと見る向きもある。問題はきわめて複雑といえるが，阿部謹也がいう「理念を捨てても別な配慮をしなければ立ち行かない」という「世間」を守ることに重きを置いた面もあったのではないだろうか。リスクマネジメントの観点からそれを事前に危惧していた識者もいたのである。

　本書では極力，わが国の起業活動にまつわる時代をつくる空気，人の感じ方・考え方を書くつもりであった。しかし改めて思うがそれは大歴史家の手のみに許され達成できる仕事であり，ここではそうしたことの重要性について1つの警鐘を鳴らしたにすぎない。ただ日ごろより気になるのは，日本人の情緒的な考え方，体制に流される風潮が依然としてあることである。特に経済界に限ってみても，実業とは何か，実業にとって健全な精神とは何かをもう一度考えてみる必要がある。ただ実業を規則やモラルで縛ればそれで済むというほど事は単純ではない。会社づくりへの挑戦，大きな飛躍をする人

の勇気をたたえ，その勢いを国の中に取り込んでいくことが今日の日本で強く求められている。これはスポーツでも，芸術の分野でも似た状況にある。特定の国内基準のスターだけを讃え，追いかけまわして，少しすると飽きて捨てていくということが繰り返されており，その見方には見識がないばかりか，評価基準に公平性，多様性もない。極端なケースでは理由がなく好き嫌いだけで判断されていることもしばしばである。成功か，失敗か，それは当人の能力ではなく，礼節だけとなってしまうのでは実力競争ではなくなるし，真の競技者はいなくなるだろう。そうした風潮を嫌う一流の研究者，アーティスト，アスリートが海外に出て実力を発揮する時代になっていることは喜ばしいが，経済界ではまず国内の地歩を固めることが先決事項である。政権も再交代してようやく軌道修正の時期に入りつつあるようにも感じる。高いコストを払った先例の教訓を生かしながら，より優れた起業支援の社会システムを作り上げていく必要を痛感する。

　批判することは容易であり，見かけの見識の高さ，大所高所からの意見も必要だが，独自の考えと強い意思で粘り強く努力しているものを救い，育てる寛容さも必要であろう。国の戦略として起業に力を入れ，出る杭を伸ばし，保守的で横並びの「世間」的な文化を変えていくことが今後の日本の課題である。残念ながら起業に関する日本のロールモデルはいまだ出来ていない。またわが国では経済システムも依然官尊民卑，製造業優位，実績重視のままである。ただでも少ない企業の創り手を如何に健全に育てるかが経済の最重要課題であるが，ビジネスや企業の本質も理解しておく必要がある。その為には出る芽を極力多くして，それを丹念に育てる仕組みを確立しなければならない。米国の結社的精神とは社会の問題を解決するために，その問題意識を共有する人たちが金と知識を持ち寄り協議しながら合理的に解決していくという自主活動であるが，そうした建設的な精神が日本の狭い「世間」にもあって欲しい。わが国においてもベンチャー企業のネットワークがいくつも存在しているが，経済的な利害による結びつきに止まり，結社的なものに成り得ていない弱さがある。創造的な連帯と結社の倫理が徹底されるよう

なネットワークづくりが必要ではないか。

　21世紀に入り，行き過ぎた強欲資本主義に対して修正が行われた。ショックの性質も規模も異なるもののライブドア・ショックの後に起きたリーマン・ショックもその1つの修正であろう。金融政策はいつもソフトランディングを心掛けているが，企業の刑事事件となるといつも経済はハードランディングとなり，その結果経済にショックが生じることとなる。言うまでもなく完璧な経済システムというものはない，間違ったものは修正していくのが当然であるが，経済は日々活動している。事後的な急ブレーキではなく，事前の制度設計や制度修正を行うことが極めて重要であると思われる。壊すことは容易だが，創ることは難しく時間もかかる。怜悧な政策官僚より実態を熟知する良き企業家が経済制度の設計，修正に携わることが何よりも重要であろう。

　最後に私事について触れておきたい。私が大学で習ったのは経済学であった。当時のこの学問では，モデルの中の話ではあるが合理的な選択を行う経済人が繰り返し登場した。知らず知らずのうちに，私は個人として合理的に生きるのが新しいこと，正しいことと感じるようになっていたのかも知れない。会社に入り，集団の中で仕事を覚えるようになると，そこで合理的ではないことに次々と遭遇するようになった。一年の差でも先輩・後輩の峻別，学歴の壁，仕事を離れた仲間付合い，盆暮れの礼，年賀の挨拶，冠婚葬祭などの世間の付き合いなどである。ところがある日人事担当者からこの会社では社員同志の虚礼を廃止しているので徹底せよという話を聞いた。良いことを聞いたと溜飲を下げた私は，それ以降この言に従い合理的会社人に徹したつもりでいた。しかしかなり経ってからこうした非常識な合理的行動をとっていたのは私くらいなものだと聞き，それは会社内の生き方として非合理的だし危険だと注意を受け唖然としたことを覚えている。「世間」の規律に沿わず正しく生きなかった私は，会社の本音の原理も知らずに過ごしてしまったように感じる。一方で後に気付くことになったのであるが，私の関知しなかった別の「世間」がひっそりとサポートしてくれて事なきを得たことも

あったようだ。「世間」とは一体どのような役割を果たしているのだろうか。このテーマは長年の問題意識として頭の隅を離れることはなかった。

　この小書は，日頃より私の脳裏にあった日本の起業環境に関する問題意識を阿部謹也氏の日本「世間」論を手かがりに論を展開したものであるが，果たしてストーリーとして表現出来たかについては読者諸賢の判断に委ねるしかない。本書を執筆している過程の2012年末衆議院選挙において民主党から自民党へ政権交代が生じた。経済への取り組みはかつての自民党と同様な姿勢になるのだろうか。現下の経済情勢を踏まえて自民党政権下では経済や起業をみる見方，雰囲気は変わっていくのだろうかということに関心を向けながら筆を進めた。いま現政権が経済再生に取り組む積極的な姿勢は市場から一定の評価を受けているが，成長政策の具体的内容についてはまだその全貌をみせておらず，個別具体的な成果はこれからである。国民が久しく忘れかけた経済拡大の実感は取り戻せるのだろうか。何よりも望まれるのは今後政策の効果を引き出すためには市場参加者の期待の変化，あくなきビジネスへの挑戦者に対する社会的動機づけが一層必要になるということである。2006年のライブドア・ショックで大きく屈折した起業振興に再度スポットが当たり，新しい「ビジネス」創造に挑戦する人材が次々と輩出され，結果として実体経済が息長く好転していくことを期待したい。

　当初の執筆のきっかけは数年前STビジネスサポート社長の手塚雅隆氏よりお聞きしたライブドア事件のご高見に触発を受けたことに始まる。日頃より氏から受ける知的刺激と正義への情熱にこの場をお借りして改めて感謝したい。その後日本の起業家精神の問題と関連させて研究を続け今般新たに書き下ろしたものである。もとより道半ばで十分なものとは言い難く素描の域を出るものではない。今後も引き続き研究すべきテーマとして掘り下げ取り組んでいく所存である。

　ここまで「世間」の悪口を書いてきたが，本書が日の目をみるまでに様々な「世間」の皆様方にお世話になったことを告白しなければならない。そのうちのごく一部の方のみ以下に記させて頂きたい。出版については機会を与

えられた文眞堂専務取締役 前野隆氏と同社にご紹介の労をお取り頂いた愛知大学 小林慎哉教授に御礼申し上げる。本書作成にあたっては現勤務校である獨協大学の長期学外研修員並びに学術図書出版助成費の制度を活用させていただいたことを記して心より謝意を表したい。

2014年3月　著者

著者略歴

上坂　卓郎（かみさか・たくろう）

　1954 年　生まれ。
　1977 年　東北大学経済学部卒業。
　2000 年　千葉大学大学院社会文化科学研究科博士後期課程修了。
　2003 年-　獨協大学経済学部教授，博士（経済学）。

日本の起業家精神
――日本的「世間」の倫理と資本主義の精神――

2014 年 3 月 31 日　第 1 版第 1 刷発行	検印省略

著　者　　上　坂　卓　郎

発行者　　前　野　　　弘

発行所　株式会社　文　眞　堂
東京都新宿区早稲田鶴巻町 533
電話　03（3202）8480
FAX　03（3203）2638
http://www.bunshin-do.co.jp/
〒162-0041 振替 00120-2-96437

印刷・真興社　製本・イマキ製本所
Ⓒ 2014, Takuro Kamisaka
定価はカバー裏に表示してあります
ISBN978-4-8309-4815-2 C3034